PENSÉES
QUOTIDIENNES

Photo de couverture : Nanoom @ Pixabay.com

Éditions Prosveta S.A. – CS30012 – 83601 Fréjus Cedex (France)
ISBN 978-2-8184-0505-5
Édition numérique : 978-2-8181-0547-5

Omraam Mikhaël Aïvanhov

PENSÉES
QUOTIDIENNES

2020

PROSVETA

Avis au lecteur

Omraam Mikhaël Aïvanhov a dispensé oralement un enseignement spirituel développé dans près de cinq mille conférences spontanées données entre 1938 et 1985 ; ses propos ont été conservés dans leur intégralité, soit qu'ils aient été transcrits par sténographie entre 1938 et le début des années 1960, soit que, pour la période postérieure, ils aient été enregistrés sur des supports audio puis audiovisuels.

Ces enregistrements font l'objet, pour certains, de diffusion par les Éditions Prosveta ; ils peuvent être consultés pour prendre connaissance de cet enseignement de façon exhaustive.

Le présent ouvrage est réalisé à partir d'extraits de ses conférences.

Avant-propos

« Chaque matin, avant d'entreprendre quoi que ce soit, recueillez-vous un moment afin d'introduire en vous la paix et l'harmonie, et de vous lier au Créateur en Lui consacrant, par la prière et la méditation, cette journée qui commence.

L'essentiel, c'est le commencement. C'est là, au commencement, que les forces nouvelles se déclenchent et s'orientent. Pour agir correctement, il faut toujours commencer par chercher la lumière. Quand il fait nuit, vous ne vous précipitez pas dans l'obscurité pour aller prendre un objet ou commencer un travail, mais vous allumez d'abord une lampe pour y voir, et ensuite vous agissez. Eh bien, pour n'importe quel cas dans la vie, vous avez tout d'abord besoin d'allumer la lumière, c'est-à-dire de vous concentrer, de vous recueillir, afin de savoir comment agir. Si vous n'avez pas cette lumière, vous irez à gauche, à droite, vous frapperez à plusieurs portes, et vous ne ferez rien de bon.

Toute la journée est inscrite dans la direction que vous donnez dès le matin à vos pensées. Car suivant que vous êtes attentif et vigilant ou non, vous déblayez le chemin ou, au contraire, vous l'encombrez de toutes sortes de choses inutiles ou même nocives. Le disciple de la Science initiatique sait comment il doit commencer la journée s'il veut qu'elle soit fructueuse, remplie de la grâce de Dieu, afin de pouvoir répandre cette grâce autour de lui sur toutes les créatures. Il sait qu'il doit avoir, dès le matin, une pensée fondamentale autour de laquelle graviteront, durant la journée, toutes ses autres pensées.

Si vous avez pour chaque jour un but précis, une orientation précise, un idéal à atteindre, toutes vos activités vont peu à peu s'ordonner, s'organiser et contribuer à la réalisation de cet idéal. Et même lorsque des pensées et des sentiments étrangers, négatifs, tenteront d'entrer en vous, ils seront détournés et mis au service du monde divin, ils seront obligés eux aussi d'aller dans la direction que vous avez vous-même choisi de prendre. Et c'est ainsi que, grâce à la pensée fondamentale que vous aurez placée dès le matin dans votre tête, dans votre cœur, vous pourrez inscrire cette journée dans le grand Livre de la Vie.

Et puisque tout s'inscrit, une fois que vous aurez vécu une journée splendide, une journée de vie éternelle, non seulement elle sera enregistrée, non seulement elle ne mourra pas, mais elle tâchera d'entraîner toutes les autres journées à sa suite pour qu'elles lui ressemblent. Essayez au moins de bien vivre une seule journée car c'est elle qui influencera les autres : elle va les inviter pour leur parler et les convaincre d'être comme elle, équilibrées, ordonnées, harmonieuses.»

Omraam Mikhaël Aïvanhov

1er janvier

*I*maginez qu'il y a des centaines d'années un berger dans la montagne se soit amusé à tracer, avec son bâton, un petit sillon sur le sol. Qu'est-ce qu'un petit sillon ?... Mais ensuite il y a eu la pluie, la neige, le gel, le vent, le soleil... et peu à peu ce petit sillon s'est creusé, s'est élargi jusqu'à devenir le lit d'un torrent. Que peut nous apprendre cette image ? Que le même phénomène se produit avec l'être humain. Chaque pensée, chaque sentiment est comme un sillon qu'il trace dans sa terre intérieure, et ce sillon, toutes les forces psychiques et spirituelles qui circulent dans l'espace contribuent aussi à le creuser, à l'élargir.

Puisqu'aujourd'hui commence une nouvelle année, efforcez-vous de tracer consciemment un sillon dans votre âme. Concentrez-vous sur une pensée divine, formulez un souhait divin, et toute la journée, faites qu'il s'imprime en vous. Les puissances célestes seront alertées et elles viendront vous soutenir dans vos efforts. Chaque jour elles seront là pour vous dire : « Rappelle-toi, le premier jour de l'année tu as tracé un sillon, continue, creuse », et si vous les écoutez, si vous continuez patiemment votre travail, c'est un fleuve de lumière que vous sentirez un jour couler en vous.

2 janvier

C'est une loi du monde spirituel que lorsqu'un certain nombre de personnes se rassemblent autour d'une idée, leurs pensées et leurs désirs forment déjà une réalité en haut. Cette réalité n'est pas faite de particules suffisamment matérielles pour qu'on puisse la voir et la toucher, mais elle existe et on appelle cette entité collective un égrégore. Cet égrégore est vivant et agissant. Chaque pays, chaque religion possède un égrégore.

La Fraternité Blanche Universelle a aussi son égrégore et tous les frères et sœurs qui se réunissent avec le même idéal sont en train de l'alimenter. C'est pourquoi il faut penser de plus en plus à renforcer cet égrégore de la Fraternité Blanche Universelle, car non seulement il peut agir sur les autres égrégores pour les influencer favorablement, mais il agit aussi dans le plan physique pour le bien des êtres qui ont contribué à le former.

3 janvier

Prenez courage, car un grand héritage, un héritage divin vous attend. Si vous n'êtes pas entré en sa possession, c'est que vous n'êtes pas encore majeur. Il n'est pas possible de connaître la date à laquelle vous pourrez en prendre possession, mais ce qui est sûr, c'est qu'à votre majorité vous l'aurez. Ce sera peut-être dans vingt ou trente ans, peut-être dans une autre incarnation, mais vous l'aurez. Vous direz : « Mais comment pourra-t-on me trouver ? J'aurai changé de pays, de nationalité. » Vous pouvez changer de tout ce que vous voulez, les entités célestes vous trouveront toujours. Donc, pensez chaque jour à cet héritage divin, cette pensée seule agira très favorablement sur vous. Tout ce que l'on peut promettre aux humains ne satisfera jamais l'immensité de leurs désirs : une femme, une maison, un petit jardin, une voiture… qu'est-ce que c'est ? Même quand ils les ont, ils ne sont pas satisfaits. L'immensité, l'infini, l'éternité, c'est cela le véritable héritage, le seul capable de combler le cœur de l'homme.

4 janvier

***R**ien ne résiste au temps, et si on est obligé de constater qu'un bâtiment vieillit et a besoin d'être réparé, cela est vrai pour nous aussi. Alors, pourquoi ne pas penser que notre bâtiment doit être renouvelé, rajeuni, éclairé, et que nous devons le reconstruire sur des bases nouvelles ? Vous direz : « Mais comment pouvons-nous nous reconstruire un corps ? » Évidemment, il ne s'agit pas de rajeunir le corps physique dont on ne peut pas empêcher le vieillissement, mais ce vieillissement doit être compensé par l'édification du corps spirituel grâce à une matière inaltérable qu'on ne peut trouver que très haut dans les plans subtils. Par la méditation, la contemplation, vous pouvez attirer les particules de cette matière et les introduire en vous-même pour vous construire un corps nouveau. C'est ce que voulait saint Paul quand il parlait de la transformation du vieil Adam en Christ.

5 janvier

*V*ous êtes dans un enseignement spirituel, vous vivez dans la lumière, mais cela n'empêchera pas qu'il vous arrive de temps à autre certains accidents ou malheurs. On n'est pas à l'abri des épreuves parce qu'on est dans une école spirituelle. Pour qu'il ne vous arrive rien de mauvais, il faut que vous ayez liquidé toutes les dettes du passé ; si vous les traînez encore avec vous, que vous suiviez ou non un Enseignement divin, que vous soyez ou non dans la lumière, rien à faire, il faut payer.

Vous êtes sur le bon chemin, c'est entendu, vous ne faites plus désormais que du bien, c'est entendu aussi, mais il faut savoir que ce bien donnera des résultats dans l'avenir et non dans l'immédiat. Donc, quand vous traversez des difficultés, vous devez les accepter et dire : « Seigneur Dieu, cela ne peut pas détruire le bon travail que j'ai déjà fait. Tant mieux s'il m'arrive ces ennuis, cela veut dire que je me libère, et c'est très bien Maintenant je sais pourquoi cela m'arrive, je ne me révolterai plus, je ne demanderai plus d'être épargné. »

6 janvier

*J*ésus est venu pour apprendre aux humains que le véritable sacrifice ne consiste pas à offrir à Dieu quelque chose d'extérieur à soi : des fruits, de la farine, ou du bétail… Car même si l'offrande de produits de la terre ou d'animaux marquait une volonté de renoncement, ce n'était quand même pas un sacrifice aussi essentiel que le renoncement à certaines faiblesses, certains appétits ou convoitises. Jésus est donc venu pour apprendre aux humains à ne plus immoler des animaux extérieurs, mais ses propres animaux intérieurs. Oui, car notre nature inférieure est le repaire de tous les bestiaux, de tous les fauves, et c'est elle qu'il faut offrir en holocauste pour qu'elle puisse dégager les forces accumulées en elle et les mettre au service de l'esprit.

7 janvier

Au début de chaque entreprise, vous avez besoin de l'amour pour vaincre les difficultés que vous rencontrerez, sinon vous allez vous décourager et tout abandonner. Quand les premières difficultés auront été traversées et vaincues par l'amour, ce sera le moment de la réflexion, de la sagesse. Si l'amour est faible ou fait défaut, la sagesse n'aura pas les conditions pour se manifester.

L'amour prépare les meilleures conditions pour la sagesse. Quand vous aimez quelque chose, vous voulez l'étudier, le connaître, et ainsi votre amour vous amène à explorer le terrain. Et quand vous aimez un être vous voulez aussi le comprendre. L'amour vous donne les conditions pour la compréhension, c'est pourquoi on peut dire que celui qui n'a pas d'amour n'aura pas de sagesse.

8 janvier

*N*ous sommes placés entre le monde inférieur et le monde supérieur, et c'est à nous de nous décider et de voter pour le principe divin, pour l'esprit. « Mais, direz-vous, pourquoi n'est-ce pas lui qui s'impose puisqu'il est tout-puissant ? » Le feu aussi est tout-puissant, il peut tout brûler, mais allumez une bougie et regardez combien la flamme est faible : au moindre souffle elle s'éteint. Comme le feu, l'esprit est faible, et si vous ne l'alimentez pas, il ne peut rien faire. Voilà ce que vous n'avez pas encore compris. Vous attendez en comptant sur la toute-puissance de l'esprit, et comme vous ne faites rien pour le laisser entrer en vous, évidemment, rien ne se produit. L'esprit est tout-puissant en haut, mais ici sur la terre il ne peut rien tant que vous ne lui donnez pas les conditions indispensables pour qu'il puisse se manifester. C'est donc à vous de vous déterminer et de donner la primauté à l'esprit.

9 janvier

*R*ien n'est plus important, plus salutaire pour vous que de prendre goût aux activités spirituelles, de les aimer et de ne plus laisser passer une seule journée sans vous lier au Ciel, méditer, prier... Plusieurs fois par jour arrêtez-vous pendant quelques minutes, et tâchez de trouver en vous-même votre point d'équilibre, votre centre divin... Vous commencerez alors à sentir que, dans toutes les circonstances de la vie, vous possédez au-dedans de vous un élément éternel, indestructible... Et même si dans le plan matériel vous n'en retirez aucun bénéfice, vous devenez intérieurement plus libre, plus fort, plein d'assurance, vous planez au-dessus des événements. Ce travail spirituel est la seule richesse, le seul bien qui soit vraiment à vous. Tout le reste peut vous être enlevé ; seul votre travail est à vous pour toujours.

10 janvier

Certains ne veulent faire aucun effort pour changer leur vie : ils pensent qu'ils retomberont tout de suite dans leurs mauvaises habitudes et leurs erreurs et que cela ne vaut donc pas la peine d'essayer de se corriger. Eh bien, ce n'est pas un bon raisonnement, car l'important n'est pas de réussir du premier coup. L'essentiel, c'est de choisir la bonne orientation et d'être sincère dans ce choix.

Les chutes ne sont pas importantes en elles-mêmes. Chaque fois que l'on tombe, on acquiert quelque chose de plus. Donc, il ne faut pas se décourager : en réfléchissant chaque fois sur les échecs pour en tirer des leçons, on a, un jour, un véritable arsenal de notions et de méthodes qui permettront de triompher dans toutes les situations.

11 janvier

*V*ous avez une difficulté… Eh bien, prenez-la et comparez-la avec tout ce que vous possédez, vos richesses, vos facultés. Placez les deux côte à côte et comparez : cette difficulté ne pourra pas résister, elle disparaîtra devant la grandeur, l'immensité de ce que vous avez. Vous devez apprendre à placer ainsi vos chagrins, vos tristesses en face de vos trésors, en face de votre avenir et vous verrez qu'il n'en restera plus une trace. Quant à tous ces esprits malfaisants du monde invisible qui veulent vous troubler, vous décourager, dites-leur : « Venez par ici, je vais vous montrer quelque chose », et vous les placez devant toutes vos possibilités actuelles ainsi que celles qui vous attendent. D'abord, bien sûr, ils vont s'obstiner, mais très vite ils comprendront qu'ils perdent leur temps avec vous, et ils vous laisseront tranquille. Habituez-vous à faire de pareils exercices et vous verrez que vous pouvez transformer et améliorer beaucoup de choses.

12 janvier

Si vous arrivez à placer le Seigneur à la tête de votre existence, les anges et les archanges Le suivront pour Lui tenir compagnie, et ce sera pour vous la véritable transformation. Mais pour cela, il faut au moins que vous vous disiez : « Ce n'est pas moi qui veux commander, je veux être serviteur, je veux obéir, c'est le Seigneur qui doit venir s'installer en moi », et travaillez dans ce sens autant que vous le pouvez. À la fin quand le Seigneur trouve qu'il y a pour Lui de bonnes conditions, Il vient, et quand Il vient, les anges viennent avec Lui et s'installent partout. Vous voyez, seulement un changement de la tête et tout est changé, cela ne peut pas en être autrement. Comment voulez-vous que le Seigneur ayant décidé de s'installer quelque part se retrouve tout seul ou entouré de diables ? Non, non, Il arrive accompagné de toute une suite d'entités lumineuses et belles qui viennent chanter auprès de Lui.

13 janvier

*D*ieu a tout distribué à tous : l'eau, l'air, la chaleur, la lumière, et dans le monde subtil il a répandu aussi le prâna, le télesma, l'akasha, le fohat et toutes sortes d'énergies bénéfiques. Alors, pourquoi tant de gens se sentent-ils pauvres et misérables ? Parce qu'ils ne savent pas attirer et absorber ces éléments subtils. Ils pensent que la vie est pauvre, que le Seigneur ne leur a rien donné. Mais si, tout est distribué, tout est à la disposition de toutes les créatures, seulement ce sont les créatures qui sont faibles, paresseuses, limitées et ligotées. C'est pourquoi elles restent dans la pauvreté. Ce sont les humains eux-mêmes qui se limitent.

Prenons seulement comme exemple la nutrition. Ils se contentent de manger, de boire, de respirer, c'est-à-dire de se nourrir d'éléments solides, liquides, gazeux et ils laissent de côté les éléments ignés, le feu, la lumière. Si l'humanité périclite, c'est parce qu'elle ne se nourrit pas convenablement. Pour se nourrir convenablement, on a besoin de ce quatrième élément qui est essentiel. C'est pourquoi il faut aller au lever du soleil pour absorber ce feu et cette lumière, répandus là à profusion chaque matin.

14 janvier

*T*ous les échanges que nous faisons sans cesse en mangeant, en buvant, en respirant, en ayant des contacts avec les humains, les animaux ou la nature elle-même, nous laissent de nombreuses particules impures. Il faut donc savoir comment se purifier dans tous les plans avec l'aide des Anges des quatre éléments... Appeler l'Ange de la terre pour qu'il expulse tous les déchets de notre corps physique ; l'Ange de l'eau pour qu'il lave notre cœur ; l'Ange de l'air pour qu'il purifie notre intellect ; l'Ange du feu pour qu'il sanctifie notre âme et notre esprit, qu'il nous communique l'ardeur de l'amour divin. À chacun des quatre éléments correspond une fonction particulière, parce que dans le royaume de la Nature vivante tout est défini avec précision.

15 janvier

L'être humain a deux natures : une nature supérieure et une nature inférieure, et suivant à laquelle de ces deux natures vous vous adressez, vous déclenchez des forces tout à fait différentes dont vous serez le bénéficiaire ou la victime. Supposons donc que vous soupçonniez et calomniez quelqu'un : vous vous liez à sa nature inférieure, vous recevez ses courants et vous commencez à manifester les défauts et les faiblesses que vous n'avez cessé de souligner chez lui. Pourquoi ? Parce qu'en vous liant sans cesse à ces énergies inférieures, vous avez ouvert en vous-même une porte pour les recevoir. C'est ainsi que vous retardez votre évolution. Si vous n'avez dans la tête que les vices et les crimes des humains, vous attirez toutes les mauvaises entités qui sont en eux, et ne vous étonnez pas si un jour vous vous sentez envahi. C'est un phénomène magique, tout simplement.

16 janvier

*V*ous faites beaucoup de choses et des choses magnifiques, mais votre conscience n'est pas encore assez éclairée pour savoir au juste l'importance de ce que vous faites. Prenez un exemple. Avant les repas nous chantons afin de nous harmoniser. Pour le moment vous chantez par habitude ; bien sûr, on voit que vous prenez plaisir à chanter, que vous le faites de tout votre cœur ; pourtant vous n'êtes pas encore conscient de l'influence que ces chants peuvent avoir sur la nourriture que vous vous préparez à prendre. Manger est un acte sacré, une cérémonie magique, et si vous chantez avec la conscience d'imprégner la nourriture de particules célestes, lumineuses, cette nourriture aura une meilleure influence sur vous : non seulement elle contribuera à vous maintenir en bonne santé, mais elle vous donnera des énergies qui vous permettront d'agir dans les plans subtils.

17 janvier

C'est souvent l'amour mal éclairé des parents qui fait le malheur d'une famille : les parents n'ont pas su montrer aux enfants qu'il existe des lois irréductibles devant lesquelles tout le monde est obligé de s'incliner, les parents comme les enfants. « Mais s'ils pleurent ? » Qu'ils pleurent ! Ils doivent comprendre que tout le monde est obligé d'obéir et de se soumettre à ces lois. Dès que l'enfant pleure, la mère ou le père cède pour que ce petit chéri ne soit pas malheureux. Eh bien, à ce moment-là, c'est fini, ils céderont toute la vie ; l'enfant les malmènera et les rendra esclaves, et c'est eux qui seront malheureux un jour parce qu'ils auront confondu l'amour avec la faiblesse. Il pleure ? Eh bien qu'il pleure, il exerce ses cordes vocales et pendant ce temps il comprend aussi qu'il y a des lois à respecter et à appliquer.

18 janvier

Pourquoi certaines personnes désirent-elles un talisman ? Pour être soutenues dans un travail lumineux, désintéressé, ou bien pour réussir sans avoir à faire aucun effort ? Malheureusement, c'est le deuxième cas qui est le plus fréquent. Au fond de ce désir de posséder un talisman, il y a le plus souvent les convoitises et la paresse. Inutile d'étudier, de réfléchir, de méditer, de prier, d'être vigilant : le talisman est là, c'est lui qui fera le travail, et pendant ce temps son propriétaire ira se promener et goûter tous les plaisirs en se servant des avantages que le talisman lui aura procurés. Eh bien, non, ce n'est pas à cela que doit servir un talisman. C'est pourquoi un véritable mage ne satisfait pas toutes les personnes qui lui demandent des talismans ; il sait qu'étant donné l'usage qu'elles en feront, ces personnes ne gagneront rien de bon, au contraire, et qu'elles pourront même nuire à leur entourage.

19 janvier

*L*es humains discutent, revendiquent, contestent, mais ils ne savent pas où leur refus des règles va les entraîner, car ils n'ont jamais étudié les conséquences lointaines d'une pensée, d'une parole, d'un acte. S'ils avaient plus de discernement, ils comprendraient qu'au moment même où ils rejettent ces règles, ils s'affaiblissent, car ils déchaînent des esprits infernaux en eux-mêmes. C'est une loi : moins on contrôle ses pensées, ses désirs, ses caprices, plus on devient esclave. Vous dites que vous avez besoin de satisfaire tout ce qui vous passe par la tête ? Bien, mais sachez que c'est le chemin direct vers l'esclavage. Vous serez esclave de vous-même, ou plutôt de forces intérieures très primitives qui vous terrasseront et vous domineront complètement. Vous ne pouvez pas être le roi de votre propre royaume tant que vous ne vous contrôlez pas, car la faiblesse, la maladie ou la folie sont là qui vous guettent. Si les sages nous conseillent de maîtriser nos impulsions, ce n'est pas pour le plaisir de nous brimer, mais parce qu'ils savent que l'absence de maîtrise ouvre les chemins de la maladie, du déséquilibre et de la mort.

20 janvier

*V*ous devez comprendre le silence comme la condition absolue pour la véritable parole, les véritables révélations. Dans le silence, vous sentez peu à peu des messages qui vous parviennent, une voix qui commence à vous parler. C'est elle qui vous prévient, vous dirige, vous protège… Si vous ne l'entendez pas, c'est que vous faites trop de bruit, non seulement dans le plan physique, mais aussi dans vos pensées et vos sentiments. Pour que cette voix vous parle, vous devez installer le silence en vous. On appelle parfois cette voix « la voix du silence », c'est même le titre de certains livres de la sagesse orientale. Quand le yogi arrive à tout apaiser en lui et même à arrêter sa pensée – parce que dans son mouvement, la pensée, elle aussi, fait du bruit – il entend alors cette voix du silence qui est la voix même de Dieu.

21 *janvier*

Il vous vient une idée, vous sentez qu'elle est bonne et vous en êtes heureux : cette idée est donc descendue dans le sentiment. Oui, mais ce n'est pas complet ; c'est quand vous vous mettez à l'exprimer, à la réaliser, que le processus normal est terminé. Est-ce qu'un peintre, un musicien, un poète se contentent de garder leurs œuvres dans leur tête et dans leur cœur ? Non, ils les réalisent. Alors pourquoi dans d'autres domaines devrait-on se contenter de la pensée et du sentiment ? Il faut réaliser. Dans le domaine de la spiritualité et de la religion, il faut aussi réaliser. Pour beaucoup la religion reste dans la tête ou le cœur, et quand ils doivent agir, leur action est contraire à ce qu'ils pensent et croient. Eh bien, ils n'ont pas compris comment l'Intelligence cosmique a conçu les choses. Tout d'abord on doit penser, ensuite souhaiter, et enfin se mettre au travail pour réaliser.

22 janvier

Il est rare qu'un mariage soit parfait, mais au lieu de vouloir tout de suite divorcer, il vaut mieux essayer de supporter les inconvénients et se dire : « Mon mari… pour tomber sur lui, c'est que je l'ai mérité à cause de mes précédentes incarnations, car il y a une justice dans le monde. Je dois donc m'efforcer de l'accepter pour cette incarnation, je dois apprendre, m'améliorer ». Et ainsi au lieu de contracter de nouvelles dettes en voulant vous libérer, vous effacez vos anciennes dettes. Tandis que si vous vous conduisez mal, sans générosité ni patience, la dette augmentera et vous vous retrouverez de nouveau ensemble dans une autre incarnation pour la régler peut-être sous une autre forme.

Cela vaut donc la peine d'accepter cette philosophie pour se libérer. Parce que le mari peut aussi se demander : « Pourquoi sur plus de trois milliards de femmes dans le monde je suis justement tombé sur celle-là ? » En y réfléchissant il trouvera, lui aussi, que ce n'est pas par hasard… Il y en avait tellement d'autres ! Eh non, celle-là justement, parce que c'est à travers cette femme que se fera un travail intérieur grâce auquel il développera certaines qualités et vertus. Vous voyez, on ne raisonne pas ainsi parce qu'on n'est pas instruit sur la réincarnation, la loi des causes et des conséquences, le karma.

23 janvier

*L*a Grande Fraternité Blanche Universelle qui est en haut ne cesse d'envoyer dans le monde des courants d'harmonie afin d'entraîner les humains vers l'unité. Ceux qui sont prêts à les capter vont se décider à se mettre enfin au travail pour réaliser cette unité, et ce sera le plus beau jour de l'histoire humaine. Si toute la terre ne forme qu'une famille, que de changements vont se produire ! Tous ces milliards qui s'en vont inutilement dans l'armement, l'espionnage, seront utilisés pour transformer la terre en un jardin de Paradis. Pour le moment on croit encore que ces idées sont irréalisables. On dit : utopie !... Mais un beau jour ce sera tellement réalisable, et réalisé, que tous seront étonnés. Cette idée va prendre, elle va creuser, et le monde entier commencera à l'accepter. Créer une Pan-Europe, une Pan-Asie, bien sûr, c'est un progrès, mais c'est insuffisant. Il n'y a que la Pan-Terre qui peut résoudre tous les problèmes : que toute la terre soit une famille. Sinon, au lieu que ce soit un pays qui se jette contre un autre pays, ce sera un continent contre un autre continent... L'Asie contre l'Europe, est-ce que ce serait plus beau ?

24 janvier

*S*i vous avez assez de sensibilité pour observer ce qui se passe en vous, vous constatez que lorsque vous êtes inquiet, mécontent, impatient, quelque chose se disperse dans votre plexus solaire. Le plexus solaire est le vase qui conserve le magnétisme vivant, et lorsque celui-ci se disperse, vous vous sentez devenir faible, incapable d'agir, de vous concentrer. Chaque inquiétude, chaque sentiment de malaise influence d'une façon spéciale le plexus solaire qui perd alors son magnétisme. Au contraire, si vous êtes heureux, calme, vous ressentez une dilatation du plexus solaire, quelque chose qui coule comme une source. Le plexus solaire est le réservoir des forces vitales, l'accumulateur de toutes les énergies, et si vous savez comment le remplir quotidiennement, vous aurez une source où vous pourrez puiser chaque jour les forces qui vous sont nécessaires.

25 *janvier*

*N*ous devons mettre tous nos défauts et nos faiblesses au travail pour les rendre utiles. Certains diront : « Mais les défauts, il faut les fouler aux pieds, il faut les anéantir ! » Essayez et vous verrez si c'est facile : c'est vous qui serez anéanti. Le problème est le même pour tous les défauts. Qu'il s'agisse de la gourmandise, de la sensualité, de la cupidité, de la vanité, vous devez apprendre à les mobiliser afin qu'elles travaillent pour vous dans la direction que vous avez choisie. Si vous êtes seul pour travailler, vous ne pourrez pas réussir. Si vous chassez tous vos ennemis, tout ce qui vous résiste, qui travaillera pour vous, qui vous servira ?…

26 janvier

*L*e Seigneur ne punit jamais, Il ne s'occupe pas de ça, Il passe son temps dans les festins, en compagnie des anges et des archanges, au milieu de chants, de musiques, et le nectar et l'ambroisie coulent en abondance. Pourquoi L'a-t-on présenté surveillant jour et nuit les humains et notant sur un carnet les crimes et les saletés qu'ils sont en train de faire, ouvertement ou dans le secret ? Le pauvre, quelle situation pour Lui ! Comment ne serait-Il pas dégoûté ? Alors, direz-vous, que se passe-t-il quand nous commettons des fautes ? Si les humains ont eu l'idée de fabriquer des machines à enregistrer ou à calculer, c'est que des machines analogues existent déjà dans la nature – donc en nous – et ce sont elles qui enregistrent nos pensées, nos sentiments, nos actes. Quand nous avons dépassé les limites dans quelque domaine que ce soit, un mécanisme se déclenche et voilà la punition : nous perdons quelque chose dans le plan physique, dans le plan du sentiment ou celui de la pensée. Mais ce n'est pas Dieu qui nous punit, au contraire, Dieu est toujours prêt à nous recevoir dans les festins célestes, mais c'est à nous de savoir monter jusqu'à Lui.

27 *janvier*

Comment se présente un véritable Initié, un véritable disciple ? Toujours naturel, simple, accessible. Pourquoi vouloir attirer l'attention par des airs supérieurs ? Vous direz : « Mais alors, il ne faut pas montrer ses acquisitions spirituelles ? – Si, il faut les montrer. – Et comment ? » Puisque vous avez travaillé sur vous-même, puisque vous vous êtes dessiné, sculpté, laissez votre corps, les traits de votre visage, votre maintien, vos gestes parler en votre faveur. Et vous, soyez simple et naturel. Pourquoi vous imposer d'une manière artificielle ?

Puisque vous suivez un enseignement spirituel, comprenez désormais que vos qualités de sagesse, de pureté, de noblesse doivent transparaître sur votre visage, dans votre expression, sans que vous ayez besoin de prendre toutes sortes d'attitudes pour les souligner. Laissez parler votre travail intérieur : même à votre insu il rendra témoignage de vous.

28 janvier

*L*orsque vous voulez vous détendre, surveillez particulièrement vos mains car, alors que vous pensez être détendu, souvent vos mains sont encore crispées. Les mains expriment plus que toute autre partie du corps notre état intérieur. Regardez comment les gens agitent leurs mains quand ils parlent… Et même lorsqu'ils ne parlent pas, ils les croisent, les décroisent, manipulent des objets sans aucune nécessité, se grattent, griffonnent, pianotent. Immobiliser et détendre les mains est une des choses parmi les plus difficiles. C'est pourquoi observez bien vos mains : si vous arrivez à les détendre elles aussi, vous sentirez un bien-être se communiquer jusqu'à votre plexus solaire.

29 janvier

À l'heure actuelle, tout le monde se sent obligé de courir, de se démener, parce qu'il faut produire de plus en plus pour vendre de plus en plus et acheter de plus en plus… C'est nécessaire pour l'économie, paraît-il ! Alors voilà, dans l'intérêt de l'économie, on trouve tout à fait normal d'épuiser les humains, et c'est ainsi que l'économie sera magnifique, florissante, tandis que les humains exténués, harassés, seront par terre : leur système nerveux s'use et pas seulement le système nerveux, mais le cœur, l'estomac, les poumons souffrent aussi, car toute cette activité, toute cette production, cette consommation accélérée entraînent une pollution qui empoisonne l'atmosphère, les mers, les forêts, l'eau, la terre, la nourriture, etc. Eh bien, ce n'est pas intelligent, ce n'est pas raisonnable. Une soi-disant « économie » qui gâche, qui détruit, qui salit, qui gaspille, est-ce que c'est ça la véritable économie ?

30 janvier

Ce qui doit compter pour chacun de vous, c'est d'avoir une orientation intérieure constante, car c'est l'indécision qui vous détruit, ne jamais savoir dans quelle direction aller. C'est pourquoi tâchez de prendre une fois pour toutes la bonne orientation, et restez ferme et constant dans la direction choisie afin de vivre la nouvelle vie. Sur ce chemin, il vous arrivera bien sûr de faire quelques chutes parce que vous êtes encore faible, mais on viendra vous soutenir, ne vous découragez pas. Même si vos fenêtres se salissent, dites-vous que la pluie demain les lavera et leur rendra leur transparence. Il en est ainsi tout le long de la vie du disciple. Il tombe, il se relève… il se salit, il se lave… mais il ne doit pas se décourager en sachant que le Ciel est toujours là pour le soutenir dans ses efforts.

31 janvier

Chaque espèce animale (les insectes, les fauves, les mammifères, les reptiles, les oiseaux) a une nourriture bien déterminée. Vous pouvez vous-même en faire l'expérience : laissez quelques miettes de nourriture dans une pièce, immédiatement certaines bestioles arrivent. Si c'est du miel vous aurez des guêpes, si c'est des fromages vous aurez des souris… Comment ont-elles senti de loin qu'il y avait là quelque chose à grignoter pour elles ?… Mais dès que vous nettoyez, elles disparaissent…

Ce phénomène explique que si l'homme maintient en lui certaines pensées, certains désirs ou sentiments qui ne sont ni lumineux, ni purs, tout de suite arrivent des entités qui aiment ces impuretés et qui s'installent pour se nourrir ; mais s'il se purifie, s'il devient raisonnable, ces entités le quittent pour laisser la place aux esprits lumineux. Très peu de gens savent lire dans ce livre de la nature vivante qui est là devant eux. Vous direz que ce ne sont que de petits détails ; oui, mais les applications dans la vie psychique sont immenses.

1er février

Pour justifier la désobéissance et la grossièreté des enfants, certains prétendent qu'ils sont tellement plus intelligents que leurs parents, et qu'ils sont obligés de leur tenir tête. On rencontre, c'est vrai, des enfants vraiment exceptionnels, mais ce sont des cas extrêmement rares, et il n'est pas vrai que la majorité des enfants sont des génies qui ont raison de se révolter contre des parents abrutis. Non, et d'abord il faut savoir que, du moment qu'un enfant est né dans telle ou telle famille, c'est qu'il y a une raison ; maintenant qu'il est là, il est trop tard pour aller juger et critiquer. S'il est tellement génial, pourquoi est-il venu s'incarner dans une famille d'abrutis ? S'il y est venu, c'est justement pour faire un stage, et en faisant ce stage, il doit accepter ses parents. Après on verra. Du moment qu'il est venu là dans cette famille, il faut qu'il commence par marcher en accord avec elle. Quand il aura donné des preuves de sa véritable supériorité, il pourra faire ce qu'il veut, mais pas avant.

2 *février*

*Q*uelqu'un vient auprès de moi se plaindre de certaines critiques qu'il a reçues. Il est bouleversé de ce qu'on a pu raconter à son sujet. Je lui dis : « Voilà ce qui arrive quand on ne s'est pas préparé. Il faut savoir d'avance qu'il en sera ainsi toute la vie. Pourquoi vous imaginer que vous serez épargné et que vous allez vivre sur des roses ? Alors maintenant redressez-vous un peu et dites-vous que ce n'est certainement pas encore la dernière fois que vous recevez des critiques, et que si vous ne faites rien pour vous renforcer, quand cela se reproduira, vous serez de nouveau effondré. » Bien sûr, il est étonné, il s'attendait à des consolations de ma part : que cela n'arriverait plus, que désormais il serait protégé, épargné, et voilà que je lui dis de se préparer pour d'autres épreuves du même genre ! Eh oui, je conseille toujours aux autres les méthodes que j'applique moi-même : je me dis souvent que toutes sortes d'événements désagréables peuvent survenir, je le sais d'avance. S'ils ne se présentent pas, tant mieux ; mais s'ils se présentent, au moins je ne serai pas surpris.

3 février

*V*allées, sources, précipices, cascades, lacs, neige, tout est chargé de significations symboliques et correspond à des réalités de la vie intérieure. Celui qui médite sur une vérité philosophique, mystique, fait intérieurement l'ascension d'une haute montagne, car cette vérité le met en communication avec le ciel, et l'eau qui commence à couler en lui le lave et le vivifie. Tendre vers le sommet, c'est avoir un haut idéal, nourrir en soi les pensées et les sentiments les plus nobles. Tomber dans les précipices, c'est se laisser aller aux instincts les plus vils, les plus misérables par lesquels on est peu à peu englouti. Mais sommets et précipices sont en corrélation étroite : les précipices sont d'autant plus profonds que les sommets sont plus hauts. Voilà encore une vérité à méditer.

4 février

***O**n ne vous demande pas d'être comme certains médiums extrêmement sensibles qui, s'ils se trouvent près d'une personne malade, poussent des cris parce qu'ils ressentent ses souffrances. Non, mais il faut apprendre à se mettre à la place des autres. Si vous prenez cette habitude, en très peu de temps, vous deviendrez vraiment perspicace, intuitif, clairvoyant même. Bien sûr, la plupart préfèrent développer leur clairvoyance en se servant de boules de cristal, ou de certaines drogues. Eh bien, ce n'est pas préconisé… Laissez les boules de cristal et les drogues tranquilles, entrez dans la situation des autres et vous deviendrez clairvoyant. Croyez-moi, c'est cela la vraie clairvoyance, bien supérieure à celle que pratiquent un tas de gens qui se prétendent « voyants extralucides ». Il faut s'oublier un peu et penser aux autres, c'est le meilleur moyen de voir et de sentir l'essentiel.

5 février

***B**eaucoup pensent que l'essentiel, c'est de travailler au bien de la société, et qu'il est sans importance de croire en Dieu. Eh bien, ils se trompent, parce qu'au bout d'un certain temps cette société sans Dieu dégénérera. Comme elle n'aura pas, au centre, un point sublime autour duquel tourner, les humains cesseront d'être des créatures sociales parfaites : il se glissera en eux de la cupidité, du parti-pris, de l'injustice. Toutes les sociétés qui n'ont pas eu un point solide auquel s'accrocher pour empêcher les forces négatives de se développer ont fini par s'effondrer.

Quand une société vit avec la conscience de l'existence d'un monde supérieur, il circule en elle une telle force que tous les éléments nocifs sont balayés, et il y a alors beaucoup plus de possibilités d'établir des lois équitables qui concourent au bien-être de tous. Mais quand l'intensité spirituelle commence à baisser, il s'éveille des forces négatives qui, plus rien ne les menaçant, envahissent tous les domaines. Si tellement de maux existent sur la terre, c'est parce que les humains ont laissé s'affaiblir en eux et dans la société la conscience de la Divinité.

6 février

Si Jésus a dit : *« Demandez et l'on vous donnera »*, c'est que cet acte de demander, de souhaiter, d'insister, donc de prier, a le pouvoir de produire certains changements, au moins dans notre conscience. Nous ne pouvons peut-être pas changer les circonstances extérieures, mais en face de ces circonstances nous pouvons changer notre attitude intérieure, notre façon de voir et de sentir afin de ne plus être tellement affligés, écrasés. Nos plus grands pouvoirs ne sont pas dans le plan physique, mais dans le plan psychique. Combien de personnes qui avaient de véritables raisons de souffrir, d'être désespérées, ont pu par la prière trouver la paix, la lumière, la liberté ! Que ceux qui veulent transformer leurs états de conscience sachent qu'ils le peuvent grâce à cette faculté de prier que Dieu a donnée à chaque créature.

7 février

À qui vous adressez-vous dans la vie pour arranger vos affaires : à la concierge, au balayeur, à la bonne ? Non, mais à un personnage haut placé qui a plus de pouvoirs que vous. Eh bien, sachez que de même qu'il existe une hiérarchie extérieure que vous devez respecter pour obtenir ce dont vous avez besoin, de même il existe une hiérarchie intérieure au sommet de laquelle règnent votre âme et votre esprit, et c'est à eux que vous devez faire appel pour résoudre vos problèmes. Tant que les humains n'arrivent pas à accepter cette hiérarchie intérieure, qu'ils refusent de se soumettre au principe divin, ils sont condamnés à l'échec. Tous ceux qui ont pu étudier la réalité des mondes supérieur et inférieur dans la nature et en eux-mêmes ont constaté qu'ils étaient peuplés d'entités de toutes sortes : les êtres du monde supérieur se manifestent avec amour, bonté, générosité, douceur, patience, tandis que les créatures du monde inférieur sont cruelles, sans merci. Alors, pourquoi toujours écouter les chuchotements de ces entités mauvaises, au lieu de prêter l'oreille aux esprits lumineux ?

8 février

*V*ous devez souhaiter l'harmonie et la paix, tout en sachant que vous ne pouvez progresser qu'en rencontrant des difficultés et des oppositions. Car il faut bien comprendre ceci : ceux qui souhaitent l'harmonie et la paix sans avoir préalablement appris à surmonter les obstacles, se préparent une vie de désordres et de troubles. Pourquoi ? Parce que la véritable harmonie, la véritable paix sont une récompense que reçoivent seulement ceux qui sont arrivés à les conquérir, en manifestant des qualités de désintéressement, de bonté, de patience. À ce moment-là, même s'ils doivent subir des épreuves, ils ne sont pas troublés, ils ne souffrent pas et ils ne font pas souffrir les autres. Parce qu'ils sont arrivés à tout transformer, tout améliorer, tout utiliser. Grâce à un travail patient, soutenu, ils sont parvenus à établir des relations avec le Ciel, à avoir des échanges avec les entités lumineuses qui le peuplent, et alors là on peut dire qu'ils ont atteint la véritable paix, la véritable harmonie.

9 février

*C*eux qui se consacrent au Ciel ne doivent pas s'imaginer qu'ils vont mener une vie paisible sans heurts ni épreuves. Non, le Ciel qui s'occupe d'eux ne les abandonne pas à une vie facile, tranquille, insignifiante. Celui qui s'est consacré doit savoir qu'il sera éprouvé. Ce ne sont pas des épreuves pour le punir mais pour l'amener vers des degrés supérieurs de conscience où il se développera, s'épanouira et éveillera en lui des possibilités qui n'auraient jamais été éveillées s'il était resté dans la sécurité et le bien-être. Quand l'homme travaille pour la gloire de Dieu, les épreuves ne sont là que pour le pousser à se transformer définitivement jusqu'à ce qu'il devienne une divinité. Alors que s'il travaille en dehors de la lumière, toutes les épreuves qu'il a à subir sont des corrections, des punitions. Évidemment elles doivent aussi l'aider, elles l'empêchent de continuer à descendre, mais ce sont des punitions. Dans les deux cas les épreuves n'ont donc pas la même signification.

10 février

***P**our la majorité des humains le bonheur, c'est d'être aimé. Bien sûr, ils sont quand même d'accord pour aimer un petit peu, eux aussi, mais ils croient que le plus important, c'est d'être aimé. La preuve : pourquoi souffrent-ils tellement lorsqu'ils découvrent que celui ou celle qu'ils aiment ne leur rend pas cet amour, ou ne le leur rend pas autant qu'ils le souhaiteraient ? Pour être heureux, ils attendent que l'amour leur vienne de l'extérieur. S'il ne vient pas ou s'il leur est retiré, ils se sentent privés ; ils ne croient pas à leur propre pouvoir, à leur propre force d'aimer, ils ont besoin que l'amour leur soit donné par quelqu'un d'extérieur à eux. En réalité il faut qu'ils sachent que pour trouver la paix et la joie, ils ne doivent plus attendre que l'amour leur vienne des autres, mais se décider à ne compter que sur leur amour à eux.

11 février

*C*ombien de gens regardent les spiritualistes avec pitié ! Ils disent : « Mon Dieu, quelle vie ! Prier, méditer, faire des exercices spirituels, jeûner même, au lieu de profiter des plaisirs comme tout le monde, mais les pauvres, c'est affreux ! » Ils ne savent pas que ces gens qu'ils plaignent ont déjà vécu, dans un passé proche ou lointain, cette vie d'après eux tellement désirable et que s'ils l'ont abandonnée, justement, c'est parce qu'ils ont découvert l'existence d'autres domaines ; ils ont connu d'autres états de conscience qui leur ont apporté d'autres bonheurs, des sensations de plénitude beaucoup plus vastes, plus stables, plus sûres, que les matérialistes ne soupçonnent même pas. Et puisque ce sont des joies spirituelles qu'ils n'ont pas encore expérimentées, ils n'ont pas le droit de se prononcer sur elles. Les spiritualistes ont pu faire la comparaison, tandis que les matérialistes, non, ils ne goûtent qu'à une seule catégorie de plaisirs et ne peuvent donc pas se prononcer en connaissance de cause ; ils sont trop pressés de plaindre ceux qui ont choisi la voie de la spiritualité.

12 février

*U*ne seule chose est vraiment importante pour l'homme, c'est la capacité de se concentrer sur des objets divins. Cette capacité lui permettra de poursuivre tranquillement son chemin pendant l'éternité. Supposez qu'en quittant ce monde vous soyez entouré d'une atmosphère noire, obscure au travers de laquelle vous ne pouvez voir ni vos amis, ni les anges… Vous êtes seul, qui viendra vous sauver ? Votre capacité de vous concentrer sur des objets divins. Parce que cette capacité subsiste encore après votre mort, car elle ne provient pas du cerveau, elle se reflète seulement en lui, c'est l'esprit qui la possède. Lorsqu'on quitte le corps physique, cette capacité persiste dans l'esprit. C'est l'esprit qui pense, qui sent, qui agit ; il le fait au travers de la matière du corps physique. Mais quand il se libère de celui-ci, ne pensez pas que l'homme ne puisse plus penser, sentir ni agir. Au contraire, c'est à ce moment-là que sa pensée devient vraiment puissante, et s'il s'est habitué sur la terre à se concentrer sur des sujets lumineux, il lui suffira de penser au Seigneur ou à la lumière pour dissiper les troubles et les ténèbres.

13 février

Combien d'hommes et de femmes se sont suicidés alors que, comme on dit, « ils avaient tout pour être heureux » : la jeunesse, la beauté, l'intelligence, la richesse, une famille et des amis qui les aimaient… Ils avaient tout, sauf l'essentiel : le goût de vivre ; et cela, aucun des avantages qu'ils possédaient ne pouvait le leur donner.

C'est donc dans la tête qu'il faut d'abord changer quelque chose, c'est intérieurement qu'on doit chercher à être heureux. Car lorsqu'on a appris à être heureux intérieurement, on sera heureux dans n'importe quelle condition. Oui, dans les pires conditions, on pourra communier avec les entités célestes et se sentir comblé, rempli de lumière. Si la cause de votre bonheur est au-dedans de vous, rien ni personne ne pourra vous en priver. Le jour où vous arriverez à envisager les choses ainsi, ce sera le commencement de votre libération, de votre immortalité, de votre éternité.

14 février

C'est très tôt, quand ils sont encore jeunes, que les humains doivent préparer de bonnes conditions pour plus tard en mettant leurs énergies au service du Ciel. Car ces énergies, une fois consacrées, entraînent des particules de matière subtile qui leur correspondent, et c'est ainsi qu'ils peuvent se construire un corps physique et un corps psychique d'une meilleure qualité. La matière n'existe pas sans l'énergie, et l'énergie n'existe pas sans un support matériel. Donc, quand l'homme oriente ses énergies vers les régions célestes, elles attirent naturellement des particules beaucoup plus légères, fines et subtiles, les seules qui puissent être entraînées vers les sommets. C'est ainsi qu'elles s'accumulent et lui préparent de nouvelles conditions pour plus tard. Sinon, c'est évidemment le contraire qui se produit : les énergies consacrées à des activités grossières et chaotiques entraînent les particules de matière opaque, impure, et quelques années plus tard, celui qui a entassé en lui ces particules de mauvaise qualité, sombre rapidement dans la décrépitude.

15 février

Si la nature inférieure en nous est tellement égoïste, méchante, cruelle, c'est parce qu'elle a vécu dans des conditions très difficiles. Regardez tout ce que doivent affronter les animaux pour trouver leur nourriture ou un abri, et le conserver, ou pour se protéger des autres animaux !... Comment voulez-vous que cette nature primitive qui a vécu dans les mêmes conditions soit maintenant généreuse et désintéressée ? Eh non, justement, il fallait pour survivre qu'elle se montre égoïste, vindicative, et maintenant elle est parfaite dans ses manifestations. La nature inférieure a donc eu droit à une place au soleil, et elle a parfaitement accompli sa tâche, mais elle ne représente pas la dernière étape du développement humain. C'est à l'intelligence maintenant de manifester ses qualités. Grâce à elle, il se fera un équilibre entre les forces instinctives et les forces raisonnables. La nature inférieure deviendra pour ainsi dire la nourriture de la nature supérieure qui profitera de toutes ses richesses, et ce sera la plénitude.

16 février

*S*ouvent nous restons quelques minutes dans le silence. Ce silence n'est pas un but en soi, il donne seulement des conditions pour faire un travail intérieur. Le silence par lui-même n'apporte pas grand-chose ; bien sûr, il apaise, il repose, mais c'est tout. Le véritable rôle du silence, c'est de permettre l'essor de la pensée et de l'imagination. Donc, quand nous sommes ici tous ensemble dans le silence, tâchez de créer quelque chose de pur, de chaleureux, de lumineux, pour que l'atmosphère autour de nous vibre et que tous ceux qui viendront sentent en eux une impulsion vers le bien. Sinon, pourquoi se réunir ? Pourquoi être ensemble ? On ne doit pas rester là comme des pierres ! Même dans l'immobilité et le silence il faut savoir être vivant et créateur.

17 février

L'amour est une impulsion magnifique, mais il s'y mêle le plus souvent trop d'éléments passionnels qui empêchent sa nature véritable d'apparaître... Regardez les animaux à la naissance : un petit chien, un petit veau, un petit chevreau... ils ne sont pas tellement propres, et leur mère les nettoie. Et on baigne aussi l'enfant qui vient de naître. Eh bien, pour l'amour ce doit être la même chose. L'amour est un enfant divin parce que sous n'importe quelle forme d'amour il y a Dieu ; seulement il faut le purifier, l'éduquer, le renforcer, le libérer pour découvrir la Divinité. Même l'amour le plus égoïste, le plus inférieur, le plus sensuel contient une quintessence divine, mais recouverte de trop d'éléments hétéroclites, car elle a dû traverser au passage certains endroits qui n'étaient pas tellement propres, des cheminées, des ruisseaux boueux... C'est comme une pierre précieuse qu'il faut nettoyer.

18 février

***L**a sexualité est une tendance purement égocentrique qui pousse l'homme à ne rechercher que son plaisir, même s'il doit le faire au détriment de son partenaire. Au contraire, l'amour pense tout d'abord au bonheur de l'autre, il est basé sur le sacrifice : sacrifice de temps, de forces, d'argent, pour aider l'autre, pour lui permettre de s'épanouir et de développer toutes ses possibilités. Rien n'est plus beau que l'amour, quand l'homme est prêt à accepter des privations, à arracher quelque chose de lui-même pour le donner. Et la spiritualité justement commence là où l'amour domine la sexualité, quand vous êtes capable de vous sacrifier pour le bien de l'autre. Tant que vous n'êtes pas capable de sacrifice, vous n'êtes pas capable d'amour.

19 février

*O*n peut être heureux dans le mariage, c'est possible, mais à condition que l'homme et la femme sachent comment se considérer mutuellement et qu'ils apprennent à chercher l'un chez l'autre le côté divin. S'ils ne cherchent pas chez leur partenaire l'âme et l'esprit pour lesquels ils doivent faire des sacrifices, tous les sacrifices, qu'ils ne comptent pas sur le corps physique pour les satisfaire. Regardez, dès qu'un homme a perdu la vie, qu'il a rendu l'âme, il n'est plus qu'un cadavre, et sa femme dit tout de suite : « Il faut l'enterrer. » Pourtant elle l'aimait, et elle l'aime toujours. Oui, mais c'est le côté subtil que l'on aime, ce n'est pas la matière. Or, ce qui est vivant, c'est la partie divine, c'est la partie spirituelle de l'homme. Le corps physique est toujours pareil, et même il vieillit, et au bout de quelque temps on en a assez… Tandis que la vie intérieure est toujours différente, toujours nouvelle comme l'eau qui coule, et c'est cette eau que l'on aime.

20 février

*L*orsque le Christ est descendu sur la terre, son esprit était grand, sublime, mais son corps était petit, c'est-à-dire que ses membres, ceux qui l'entouraient, n'ont pas su se laisser pénétrer assez profondément par lui. C'est à cause de la faiblesse de ses membres, incapables de réaliser sa grandeur, sa puissance, son immensité, que Jésus a pu être crucifié. Bien sûr, quand il est entré dans Jérusalem la foule criait « Hosanna ! » mais lorsqu'il a été arrêté au jardin de Gethsémani, même ses disciples l'ont abandonné. C'est dans ses disciples que Jésus était petit et faible et il n'a donc pas pu affronter ceux qui, tellement plus nombreux, étaient décidés à l'anéantir. Maintenant, au travers des siècles, l'esprit du Christ s'est étendu peu à peu dans le monde entier. On ne peut plus le crucifier parce qu'il est incarné dans un corps immense, abrité dans les cœurs et les intelligences de millions d'êtres.

21 février

Parce que l'eau est parmi les quatre éléments celui qui se mêle le plus intimement à notre organisme, nous pouvons en la buvant établir des communications avec les forces pures de l'univers, et absorber les éléments qu'elle contient. Mais pour cela il faut la boire lentement, par petites gorgées, avec la conscience qu'on absorbe le sang de la nature qui abreuve et nourrit toutes les créatures. L'eau est la mère de la vie et elle mérite notre respect, notre reconnaissance et notre amour. Aux noces de Cana, Jésus a transformé l'eau en vin, c'est-à-dire en sang, en vie. Buvez de l'eau en pensant que dans votre corps aussi elle se transforme en sang porteur de vie. Méditez longuement sur cette idée et dites à l'eau : « Toi qui nourris toutes les créatures, révèle-moi les secrets de la vie éternelle. »

22 *février*

Combien de fois on entend dire : « On m'a mis au monde sans me demander mon opinion, mon père était un ivrogne, ma mère une mauvaise femme, ils se disputaient, se battaient, et moi aussi ils me battaient, me privaient de nourriture, de vêtements, je n'avais pas de livres pour aller à l'école… Voilà pourquoi je suis maintenant un bonhomme de rien du tout, c'est à cause de mes parents. » Et le monde entier en conviendra : « Mais oui, le pauvre, il n'est pas fautif, s'il avait eu de bonnes conditions dans sa jeunesse, etc., etc. » Mais alors pourquoi s'est-il incarné dans une telle famille ? Est-ce le hasard ? Non, la Science initiatique explique qu'il existe une justice, une intelligence absolue qui déterminent exactement d'après vos œuvres, vos mérites, dans quelles conditions vous devez vous réincarner, à quelle époque, dans quelle famille, dans quel pays… Donc, en apparence, ce sont vos parents qui sont responsables parce qu'il faut toujours un responsable dans le plan physique, mais en réalité, le vrai fautif, c'est vous-même qui vous êtes créé de pareilles conditions.

23 février

*L*e plan spirituel est construit et organisé de telle sorte que le seul fait de penser à un être ou un élément déterminé permet de le toucher directement quel que soit l'endroit où il se trouve. Il n'est donc pas nécessaire de connaître leur situation exacte, comme dans le plan physique où l'on a besoin de cartes ou d'adresses précises. Dans le plan spirituel, dans le plan divin, il vous suffit de concentrer fortement votre pensée pour qu'elle vous conduise exactement où vous voulez. Vous pensez à la santé, vous êtes déjà dans la région de la santé… Vous pensez à l'amour, vous êtes dans la région de l'amour… Vous pensez à la musique, vous êtes dans la région de la musique… C'est pourquoi le disciple d'une École initiatique consacre chaque jour un certain temps à des travaux de méditation pour visiter les régions du monde invisible où il sait qu'il trouvera tout ce dont il a besoin.

24 février

***D**ans tous les domaines une évolution est nécessaire, et même dans la religion. Or, là plus qu'ailleurs, les humains ont tendance à s'imaginer que des préceptes, des rites qui ont été donnés il y a des siècles sont valables pour l'éternité. Eh non, c'est une erreur de penser ainsi. Tout évolue, tout progresse. Regardez comme la science actuelle évolue vite ! Oui, la science évolue mais la religion n'évolue pas. Pourquoi les savants font-ils tant de découvertes ? Parce qu'ils ne croient pas, ils doutent, et on dirait même que ce sont les doutes qui les font progresser. Tandis que les religieux croient, mais la foi, une foi qui n'est pas vivante, fait stagner les humains. D'ailleurs, à ce moment-là, on ne peut même plus appeler cela de la foi, c'est de la superstition ou du fanatisme.

25 février

*V*ous ne suivez pas l'Enseignement de la Fraternité Blanche Universelle seulement pour écouter des conférences ou lire des livres qui nourriront votre intellect ; vous suivez cet Enseignement pour vous lier au Ciel, pour vivre des émotions spirituelles qui vous permettront de découvrir d'autres régions en vous. C'est pourquoi vous devez entreprendre un travail sur vous-même où le cœur et l'âme ont la plus grande part. L'intellect ne doit servir qu'à vous montrer le meilleur chemin à prendre, à vous donner des raisons de le prendre, pas plus ; tout le reste du travail doit être fait par le cœur, l'âme, l'esprit. L'intellect ne touche que la surface et non l'essentiel.

26 février

*B*eaucoup de gens prétendent travailler pour l'avenir, pour leur avenir et celui de leurs enfants : ils mettent de l'argent à la banque, ils achètent des actions, ils prennent une assurance-vie… et ils pensent ainsi travailler pour l'avenir ! Mon Dieu, mais qu'est-ce qu'ils appellent l'avenir ? L'avenir, c'est autre chose que les trente, quarante ou cinquante années qu'ils ont encore à passer sur la terre, ou même la durée de vie de leurs enfants et de leurs petits-enfants !… Cet avenir pour lequel les humains croient travailler est tellement proche qu'il sera très vite le présent et un présent qui va bientôt disparaître. Donc, ils ne travaillent que dans le vide, pour du vent. Oui, tous les événements qui vont se dérouler dans cette existence appartiennent en réalité au présent. L'avenir, c'est autre chose, et vous ne savez pas encore véritablement ce qu'il est. Cet avenir dont je vous parle est en dehors du passé et du présent, c'est l'éternité, l'infini, et c'est lui que nous avons le pouvoir de créer.

27 février

Chez la majorité des humains la conscience se manifeste plutôt comme subconscience, c'est-à-dire que toutes les empreintes du passé, tous les instincts héréditaires, toutes les tendances animales ressortent sans cesse pour se projeter sur cet écran qu'est la conscience. C'est pourquoi, quand le disciple commence à s'engager sur le chemin de l'Initiation, il doit s'attendre à des surprises. Il veut prier, être bon, pur, mais voilà un autre désir qui se met à crier en lui : « Ah non, pas ça, moi je veux... » Alors, le pauvre, souvent il capitule. Mais s'il continue, malgré tout, à lutter contre ses désirs inférieurs, de plus en plus il arrive à se libérer et il commence à vivre dans la superconscience. Les créatures célestes, qui voient ses efforts, lui apportent leur aide, et il se sent soutenu, éclairé, sa conscience commence à s'élargir, à s'éclaircir. Cela ne veut pas dire qu'il sera définitivement à l'abri des forces du subconscient, non, car elles feront encore des tentatives pour le ramener vers la même vie animale. Mais s'il poursuit ses efforts, au bout de quelque temps il s'établira comme une barrière entre lui et le monde souterrain, et cette fois il sera véritablement hors d'atteinte.

28 février

Quoi qu'on vous dise, quelles que soient les philosophies qui circulent actuellement de par le monde, ne coupez jamais le lien avec Dieu. Au contraire, cherchez-Le, pensez à Lui, aimez-Le, invoquez-Le ; vous recevrez ainsi des énergies invisibles mais extraordinairement puissantes qui empêcheront les forces des ténèbres de vous troubler et de vous nuire. Peut-être serez-vous encore un peu malmené de temps en temps parce que vous n'êtes pas encore arrivé à créer ce lien puissant avec le Seigneur, mais le jour où vous y arriverez, le mal ne pourra plus vous atteindre. Les chrétiens récitent ou chantent : « Le Seigneur est mon berger », mais ce ne sont que des mots pour eux, parce qu'ils ne connaissent pas toute la science extraordinaire qui est cachée derrière. Rien n'est plus important, essentiel, que cet amour envers le Créateur, car grâce à lui, tout s'ordonne, se règle et s'harmonise.

29 février

*L*a terre est un centre d'apprentissage où nous sommes descendus pour plusieurs raisons, et principalement pour nous acquitter des dettes que nous avons contractées dans nos précédentes incarnations. Ensuite nous avons à comprendre la situation dans laquelle nous nous trouvons pour le moment, et enfin nous devons travailler à nous perfectionner dans tous les domaines. La plupart des humains qui ne savent pas pourquoi ils sont sur la terre, se contentent de manger, boire, dormir, s'amuser, se bagarrer... Tandis que celui qui est éclairé, sait qu'il doit réparer les erreurs commises dans ses vies précédentes. Ensuite, il cherche à comprendre pourquoi il est dans tel pays, dans telle famille, et ce qu'on demande de lui. Enfin, il s'efforce de développer tous les germes des qualités et des vertus que le Créateur a déposés en lui depuis l'éternité. Voilà pourquoi une École initiatique est tellement indispensable, il n'y a rien au-dessus de la lumière qu'elle apporte au disciple sur le sens de sa vie terrestre.

1er mars

L’amour est une qualité de la vie divine. C’est pourquoi vous ne trouverez l’amour que si vous parvenez à faire couler cette vie en vous, une vie purifiée, illuminée par la pratique des vertus.

Vous cherchez l’amour et vous croyez qu’il va venir de l’extérieur sous la forme d’un être qui sera exactement comme vous l’attendez : agréable, beau, généreux, patient… Vous, vous êtes ronchon, égoïste, coléreux, et l’amour doit se présenter à vous sous la forme d’un ange ! Eh bien, sachez que votre amour ne sera que le reflet de vous-même. Même si vous tenez un ange ou un archange dans vos bras, vous ne sentirez rien de sa splendeur tant que vous ne vous serez pas ouvert au monde divin.

2 mars

*N*e vous préoccupez pas tellement de ce qui peut vous venir de l'extérieur : difficultés ou facilités, pertes ou bénéfices. Travaillez seulement en sachant que toutes les possibilités sont en vous-même. Ainsi vous allez vous renforcer et vous deviendrez de plus en plus capable d'affronter toutes les situations.

En quelque domaine que ce soit, vous ne devez compter sur aucune acquisition extérieure, aucun succès extérieur, car rien de ce qui est extérieur n'est définitif et ne peut vous appartenir vraiment ; un jour ou l'autre, cela finit par vous échapper. Il faut seulement travailler pour être fort intérieurement, riche intérieurement, dans votre cœur, votre intellect, votre âme, votre esprit, afin que tout ce que vous avez acquis vous appartienne pour l'éternité. Voilà la véritable liberté, la véritable indépendance.

3 mars

*T*ravaillez sur vous-même afin de développer les qualités psychiques, morales, qui vous permettront de mieux comprendre et accepter les autres. Car c'est cela, l'essentiel : apprendre à vivre avec les autres. Et pas seulement avec votre famille, vos amis, vos voisins. Vous devez entrer aussi en relation avec toutes sortes de personnes différentes de vous par l'âge, la formation, le milieu social, la nationalité, la race, afin de vous habituer très tôt à toutes les situations humaines. Car si vous n'êtes pas prêt, le jour où vous serez obligé d'affronter ces situations, vous allez vous montrer fermé, incompréhensif et même, sans le vouloir, parfois méchant.

4 mars

Jésus a dit : *« Vous êtes des temples du Dieu vivant »*. Oui, un être humain qui a su renforcer sa volonté, purifier son cœur, éclairer son intellect, élargir son âme et sanctifier son esprit, un tel être est devenu un véritable temple, son corps physique lui-même est un temple, et il peut inviter le Seigneur à venir l'habiter.

Malheureusement la majorité des humains ne prennent aucun soin de leur temple, ils ne cessent de l'abîmer en se servant de lui pour assouvir leurs instincts et chercher tous les plaisirs : le corps n'est plus alors un temple, c'est une étable, une écurie. C'est comme dans le Temple de Jérusalem où les marchands avaient amené toutes sortes de bestiaux et de volailles qu'ils vendaient, et personne n'était indigné, tout le monde trouvait cela normal. Mais Jésus a pris des cordes pour en faire un fouet et les a tous chassés en disant : *« Ôtez cela d'ici, ne faites pas de la maison de mon Père une maison de trafic »*.

Alors, n'imitez pas les marchands du Temple, ne faites pas de votre corps un repaire d'animaux ; sinon, ce ne sera pas le Seigneur qui viendra l'habiter, mais des entités inférieures, des indésirables qui aiment beaucoup les saletés et se nourrissent de matières impures.

5 mars

*N*e donnez jamais raison à votre nature inférieure. Accordez-lui, si vous voulez, le bénéfice de… la « raison déraisonnable », en disant : « Bon, elle est ce qu'elle est pour des motifs qui ont sans doute été valables dans le passé, à un certain stade de l'évolution, quand l'homme, comme l'animal, devait obéir à ses instincts. Mais maintenant, à un stade plus avancé de l'évolution, l'Intelligence cosmique a d'autres projets pour moi. » Ne suivez donc jamais la nature inférieure, ni ceux qui lui sont soumis. Bien sûr, vous pouvez les excuser en comprenant la cause de leur attitude et de leur conduite, mais n'acceptez jamais de faire comme eux, parce qu'à ce moment-là vous signez votre arrêt de mort. Les comprendre, les excuser, leur pardonner, c'est différent : c'est permis, c'est même souhaitable. Mais vous, suivez votre nature supérieure, vous serez toujours sur le bon chemin et vous pourrez aussi y entraîner les autres.

6 mars

On a toujours peur de ce qu'on ne connaît pas et qu'on ne sait pas utiliser : comme les animaux qui ont peur du feu, ou comme les primitifs qui ne savaient pas ce qu'étaient les forces de la nature et qui tremblaient devant elles. Maintenant que les humains sont arrivés à apprivoiser ces forces, ils travaillent dans des centrales électriques ou nucléaires : ils appuient tranquillement sur tel bouton, ils ouvrent tel robinet, et ils n'ont pas peur puisqu'ils savent comment manipuler. Mais quelqu'un qui ne sait pas, évidemment, a peur.

L'homme civilisé n'a donc plus peur des éléments et des forces de la nature, mais croyez-vous qu'il soit délivré de la peur ? Non, il a peur de sa femme, peur de son patron, peur de la maladie, peur de manquer d'argent, et surtout peur de l'opinion publique. Il ne craint peut-être ni Dieu ni diable, mais l'opinion publique le fait trembler et il est prêt à tout sacrifier pour elle. Oui, il y a beaucoup de peurs que l'homme civilisé n'a pas vaincues, et tant qu'il n'arrive pas à les vaincre, c'est qu'il ne possède pas le vrai savoir. Seul le vrai savoir permet de remporter la victoire sur la peur.

7 mars

C'est seulement par votre exemple que vous pouvez convaincre votre entourage de la valeur de l'Enseignement que vous suivez. Que cela soit bien clair pour vous. Vous n'êtes pas dans la Fraternité Blanche Universelle pour apprendre à donner de bons conseils aux autres, mais pour devenir vous-même un exemple vivant, bénéfique pour tous. La mission de notre Fraternité, c'est d'apporter dans le monde la paix et la lumière, et si vous voulez vous montrer réellement digne de cet Enseignement, vous devez être capable de dépasser les questions d'intérêt personnel pour ne penser qu'aux intérêts de la collectivité. Si vous êtes capable de vivre dans cet esprit, nous formerons une telle puissance que, même sans rien dire, nous apporterons les plus grandes bénédictions autour de nous. Donc, oubliez vos petits intérêts, ne vous occupez pas des faiblesses des autres, ne leur faites pas la leçon, mais tâchez de vivre tous ensemble en donnant un exemple d'impersonnalité, de patience et d'amour.

8 mars

Quand je vois quelqu'un qui se vante de pouvoir vaincre les tentations sans avoir de l'amour pour le monde de la lumière, de la pureté, je peux lui dire : « Tu n'as pas d'associé, tu n'as pas d'ami, tu succomberas. Si tu veux triompher, tu dois mettre dans ta tête, dans ton cœur, dans ton âme, tout ce qu'il y a de plus noble, de plus grand, et alors les forces obscures seront obligées de se soumettre et de t'obéir, à cause de la présence en toi de ces habitants du monde divin. » Voilà ce qu'il faut comprendre, sinon comment s'imaginer qu'on fera face aux puissances millénaires de l'instinct ? Personne ne peut résister. Il faut être aidé.

9 mars

Ce n'est pas tellement dans le plan physique qu'il faut essayer d'arranger les choses, car le plan physique est le monde des conséquences, et sur les conséquences nous avons peu de possibilités d'action. Pour produire des changements durables, il faut s'élever jusqu'au monde des causes. L'homme dont la pensée peut parvenir jusque-là a tous les moyens de toucher et de déclencher des forces pures qui produiront tôt ou tard de bons résultats. Tant que vous vous contentez d'intervenir dans le plan physique pour changer l'état des choses, en réalité vous n'arrangez rien, car de nouveau, des événements ou des personnes qui ne vous demandent pas votre opinion, les organiseront d'une façon qui ne vous convient pas et vous ne serez jamais maître de la situation. Travailler à changer les conséquences, c'est comme si on écrivait un mot sur le sable de la mer : les vagues viennent et l'effacent. C'est sur les causes qu'il faut travailler.

10 mars

Celui qui croit trouver le bonheur dans le plaisir peut être comparé à l'ivrogne : il se verse du vin, de l'alcool et il boit. Ah ! il se sent bien, il oublie tous ses soucis, et il tire donc la conclusion qu'il est magnifique de boire. Oui, si l'on doit se prononcer sur quelques minutes, quelques heures, ça peut paraître magnifique. Mais après quelques années, que va-t-il se produire ? La perte des facultés, l'impossibilité de mener une vie familiale et sociale équilibrée, la déchéance, le crime peut-être… Eh bien, dans de nombreuses circonstances, les gens se conduisent comme l'ivrogne : puisque les choses leur paraissent agréables dans l'instant, ils tirent la conclusion qu'elles le resteront pour l'éternité. Non. Alors attention : pour quelques minutes agréables par-ci par-là, on doit vivre des années de souffrance. C'est pourquoi il faut être vigilant et se méfier toujours un peu de ce qui est agréable.

11 mars

*V*ous savez ce qu'est une troïka... un attelage de trois chevaux. Eh bien, chaque être humain est le conducteur d'une troïka. Les trois chevaux sont symboliquement ses trois corps : physique, astral, mental, qu'il doit diriger en même temps*. Ils sont chacun d'une couleur différente : rouge pour le cheval physique, vert pour le cheval astral et jaune pour le cheval mental. Afin que les trois chevaux soient obéissants et marchent dans l'harmonie, le disciple doit bien tenir les rênes en mains, c'est-à-dire établir le contact par un lien subtil, éthérique : la volonté. II doit connaître aussi la manière de maîtriser chacun d'eux. Au cheval physique, il faut la sobriété dans la nourriture et les boissons, ainsi que des exercices qui développent la souplesse. Le cheval astral est dompté par la pureté, la douceur, l'amour. Enfin, le cheval mental a besoin qu'on lui impose l'attention, la vigilance. La tâche de l'homme est donc de rétablir sa domination sur ses chevaux afin qu'ils marchent en accord, qu'ils ne le jettent pas par terre et ne le conduisent pas non plus là où il ne veut pas aller.

* Voir note et schéma, p. 394 et p. 395.

12 mars

*D*e la matière à l'énergie et de l'énergie à la matière, il n'y a ni interruption ni rupture. De même qu'une force peut se cristalliser en formes, de même la matière peut se désintégrer et redevenir énergie. Un fruit que nous mangeons se transforme en énergies qui viennent soutenir non seulement notre vie physique, mais aussi notre vie mentale, affective. Grâce à ces énergies nous pouvons parler, aimer, penser, etc., ce qui prouve qu'on peut transformer une matière grossière en une matière de plus en plus subtile, jusqu'à la transformer en lumière. Et l'inverse est également possible : on peut transformer la lumière en pensées, en sentiments… et même en nourriture. Mais là, évidemment, seuls les grands Maîtres, les Initiés sont capables d'opérer consciemment cette transformation.

13 mars

*V*ous avez tous en vous une flamme et, si faible soit-elle, il est en votre pouvoir de l'alimenter pour qu'elle devienne un brasier gigantesque. Mais commencez par être prudent, ne vous exposez pas à des courants qui peuvent anéantir votre foi, votre amour, votre espérance. Ne fréquentez pas n'importe qui, ne lisez pas n'importe quoi, n'allez pas voir n'importe quel spectacle : choisissez des nourritures pour le cœur, pour l'intelligence, pour l'esprit, qui vous renforcent intérieurement. Quand vous serez vraiment fort, vous pourrez tout affronter, et les mêmes conditions ou rencontres qui vous auraient démoli auparavant, augmenteront au contraire votre lumière et votre paix. Lorsqu'une flamme a trouvé suffisamment de nourriture pour devenir un brasier, le vent ne l'éteint plus ; au contraire, il ne fait que l'attiser.

14 mars

*S*i vous avez une bonne compréhension des questions économiques et financières, vous saurez comment conserver les richesses spirituelles que vous recevez du Ciel. N'importe quel ignorant sait que s'il ne fait pas fructifier son capital, au bout de quelque temps il n'aura plus rien, car un capital qui n'est plus alimenté est vite dissipé. Mais quand il s'agit du plan spirituel, même les plus instruits se laissent appauvrir : ils oublient que la lumière, la chaleur, la richesse intérieure sont rapidement dépensées si l'on ne travaille pas chaque jour à les augmenter. Il faut sans cesse se lier à la Source inépuisable, à la Source divine, par la prière, la méditation, la contemplation, afin de renouveler chaque jour les énergies qui nous permettront d'accomplir notre travail.

15 mars

Ce n'est pas parce qu'on se marie et qu'on ajoute à ses relations un beau-père, une belle-mère et une quantité de belles-sœurs, beaux-frères, neveux, nièces, cousins, etc., qu'on devient conscient de ce qu'est réellement une famille. Dans la plupart des cas, on s'est contenté d'ajouter à son entourage quelques relations de plus, mais on garde la même conscience étroite, limitée, égoïste. Le véritable élargissement de la conscience se manifeste par une attitude de noblesse et de désintéressement, quand on accepte de subir quelques inconvénients, de souffrir même, de se sacrifier pour les autres. Et ce n'est pas encore tout : le plus grand élargissement de la conscience, c'est de savoir, de sentir qu'on appartient à la grande famille universelle des créatures de Dieu, et de s'en réjouir !

16 mars

Depuis quelques années, on voit des jeunes se mêler des affaires publiques : ils se prononcent sur la société, la vie du pays, les événements mondiaux, et ils s'organisent pour que leur parole ait du poids. Eh bien, puisqu'ils ont pris la parole et que beaucoup d'adultes sont d'accord pour la leur laisser, ils doivent bien réfléchir à ce qu'ils veulent demander.

S'ils demandent eux aussi la facilité matérielle, les plaisirs, qu'ils ne se fassent pas d'illusions : cela n'a rien de tellement nouveau sous le soleil, c'est ce que réclament les humains depuis qu'ils existent et ce n'est pas très glorieux. « Mais alors, direz-vous, que doivent-ils demander ? » D'être instruits. Et être instruit, ce n'est pas seulement acquérir des connaissances qui permettent d'obtenir des diplômes et d'avoir un métier, non, c'est recevoir cette lumière grâce à laquelle on avance de plus en plus sur le chemin de la liberté, de la force, de la beauté et de l'amour véritables… sur le chemin de la vraie vie.

17 mars

L'histoire des religions montre que très rarement les humains ont su quelle place ils devaient accorder respectivement à l'esprit et au corps. Pour certains, seul comptait l'esprit, et ils négligeaient tellement leur corps qu'ils dépérissaient. Si le corps est à ce point méprisable et que seul compte l'esprit, pourquoi l'homme descend-il sur la terre ? Il devrait rester là-haut, dans les régions éthérées de l'espace. S'il descend s'incarner sur la terre, c'est qu'avec son corps il a un travail à y faire.

La mission de l'esprit est de prendre un corps physique, de descendre travailler sur la terre et l'imprégner de ses qualités, afin qu'elle se transforme en un magnifique jardin où le Seigneur et ses anges viendront se promener. Quand Jésus disait : *« Que ta volonté soit faite sur la terre comme au ciel »*, lui aussi priait pour que la splendeur de l'esprit descende dans la matière.

18 mars

*V*otre avenir, vous pouvez le préparer dès aujourd'hui. Par la pensée, par l'imagination, vous avez la possibilité de choisir la meilleure orientation et de demander au Ciel les conditions et les qualités qui vous permettront de vous manifester un jour comme des êtres de paix, de bonté, de lumière. Car c'est une réalité absolue : vous reviendrez un jour sur cette terre, et ce que vous serez, les situations que vous rencontrerez dépendent de vous, de la façon dont vous préparez dès maintenant votre existence future. La compréhension de cette vérité est fondamentale pour votre avenir.

19 mars

*L*es athées s'imaginent posséder des qualités supérieures d'objectivité, de logique : eux au moins se prononcent d'après ce qu'ils voient, entendent, touchent, mesurent, etc., tandis que les croyants, tellement obnubilés par leur foi, portent des jugements erronés. Eh bien non, pour aussi intelligent que soit un homme, s'il ne croit pas à l'existence de Dieu, à la réalité de l'âme, à l'immortalité de l'esprit, il lui manquera toujours un élément essentiel pour parfaire ses observations et ses jugements. L'absence de cet élément le retient dans un point de vue superficiel ; il s'arrête à la forme, à la surface de l'existence.

Un athée est comparable à celui qui, devant un être humain, ne considère que son anatomie. Tant qu'il s'agit d'identifier les membres, les organes, et de décrire leur apparence, ça va, l'anatomie peut suffire. Mais s'occuper seulement de l'anatomie signifie s'occuper du corps sans la vie, non de la vie elle-même. Il faut que la croyance au monde divin vienne s'introduire en l'homme pour qu'il puisse découvrir la véritable dimension des êtres et des choses, et sentir les courants qui circulent entre eux.

20 mars

Pour le disciple de la Science initiatique, le soleil n'est pas seulement l'astre qui brille dans le ciel : c'est aussi l'intelligence avec sa lumière ; c'est l'amour, un élan vers ce qui est positif, constructif ; et c'est la vie, la vie spirituelle, la vie pure. Donc le soleil sous-entend toute une science et c'est cette science qui est la véritable panacée universelle. Voilà pourquoi il ne suffit pas d'aller s'exposer à la lumière du soleil physique : l'important, c'est de comprendre ces trois principes supérieurs que sont la chaleur, la lumière et la vie. La panacée universelle n'est pas un breuvage fabriqué par quelque alchimiste ou magicien. Pour la posséder, il faut comprendre et aimer seulement ce qui est divin, ne jamais introduire d'impuretés en soi. Et l'homme ne se nourrit pas seulement dans le plan physique, mais aussi dans celui des sentiments et des pensées. C'est pourquoi nos règles de nutrition embrassent les trois plans ; se nourrir d'aliments purs, mais aussi de sentiments purs et de pensées pures… Les règles de la nutrition concernent la totalité de l'être humain.

21 mars

Chaque signe du zodiaque est une étape dans la lente transformation de la nature tout au long de l'année. Lorsque le soleil entre dans le Bélier, c'est le début du printemps, le jaillissement des forces, l'éclatement des bourgeons. Cet élan se poursuit dans le Taureau et les Gémeaux avec l'apparition des feuilles et des fleurs. Avec la constellation du Cancer commence l'été : la graine se forme ; puis le fruit mûrit (constellation du Lion). Une fois qu'il est mûr, on fait la récolte (constellation de la Vierge). Puis, c'est l'automne (signes de la Balance, du Scorpion et du Sagittaire) : on cueille les derniers fruits, les feuilles tombent, la végétation meurt et se décompose. Enfin vient l'hiver (signes du Capricorne, du Verseau et des Poissons) : la graine est enfouie dans le sol où elle meurt et s'assimile à la terre ; mais c'est de cette mort que naîtront les nouvelles pousses pour de nouveaux jaillissements et de nouvelles floraisons.

22 mars

*L*a décision de changer d'existence ressemble pour beaucoup à la décision de jeûner : ils commencent par se sentir très mal. Les palpitations, les maux de tête, les crampes, les vertiges qu'occasionne le jeûne chez celui qui n'a jamais jeûné vingt-quatre heures dans sa vie, voilà ce que commence par ressentir – symboliquement parlant – celui qui a décidé d'embrasser la vie spirituelle. Alors, que faire ? Abandonner ? Grâce au jeûne, l'organisme, se sentant un peu plus libre, s'est décidé à déclarer la guerre à toutes les impuretés accumulées depuis longtemps et cela ne peut pas aller d'abord sans quelques malaises. Celui qui est capable de supporter un moment les inconvénients du jeûne se rend compte qu'ils disparaissent assez vite, laissant place à un sentiment d'apaisement, de bien-être qui se reflète ensuite sur sa santé physique et psychique.

Il en est de même pour celui qui a décidé de transformer sa vie : il entre dans un monde de vibrations et de courants plus purs, plus intenses, auxquels il n'est pas habitué, et il peut se sentir d'abord troublé. Mais s'il fait preuve de patience, s'il persévère, il constatera quelle purification, quel allègement et quelle clarification vont se produire en lui.

23 mars

*T*rès peu de gens ont l'intuition de ce que peut représenter un Maître spirituel pour l'orientation de leur destinée, de tout ce que sa présence peut rectifier, améliorer et harmoniser dans leur existence. Avoir un Maître, ça ne leur dit rien, car ils savent qu'avec lui ils ne seront plus tellement tranquilles : le Maître leur montrera leurs lacunes, le danger des chemins sur lesquels ils s'engagent souvent ; alors évidemment ils se sentiront un peu freinés, et ils ne veulent pas. C'est dommage, parce qu'avec cette attitude ils vont au-devant de souffrances et de limitations bien plus grandes que celles qu'ils auraient eu à supporter en suivant les conseils d'un Maître.

24 mars

*D*ans certaines Initiations du passé, l'épreuve finale à laquelle devait se soumettre le disciple qui avait franchi avec succès les étapes préliminaires, était l'expérience de la mort et de la résurrection. Il était placé dans un sarcophage où il restait trois jours et trois nuits surveillé par ses Maîtres qui, à l'aide de pratiques connues d'eux, le maintenaient dans un état proche de la mort. Ils détachaient de son corps physique ses corps éthérique et astral* grâce auxquels il pouvait voyager dans l'espace, et pendant trois jours il visitait toutes les régions inférieures et supérieures : il regardait, il était étonné, effrayé, émerveillé, il touchait la vérité. Quand il revenait, les liens qui rattachaient ses corps éthérique et astral à son corps physique étaient de nature totalement différente ; c'est pourquoi tout ce qu'il avait vu, tout ce qu'il avait vécu comme impressions restait présent à sa conscience et il pouvait désormais s'en souvenir facilement et en détail.

* Voir note et schéma, p. 394 et p. 395.

25 mars

*T*ant que les humains donneront autant d'importance à la possession d'objets, de voitures, de maisons, de terrains, de places en vue… ils ne cesseront d'entrer en conflit les uns avec les autres. Car tout ce qui peut s'acquérir dans le plan physique est limité en quantité, et il est impossible que le monde entier nage dans l'opulence. Cela ne signifie pas que le monde entier ne puisse pas être heureux. Si, mais justement, le bonheur n'est pas l'opulence. Il suffit de très peu de biens matériels pour trouver le bonheur, mais à condition de comprendre qu'il y a un travail à faire pour orienter ses besoins vers le plan psychique, et au-delà, vers le plan spirituel où les possibilités sont infinies. Là, chacun peut se nourrir, s'abreuver autant qu'il le désire, sans entrer en conflit avec ses voisins, ni craindre qu'on vienne le déposséder de ce qu'il a acquis.

26 mars

L'attraction que l'on éprouve pour un être est quelque chose d'incontrôlable. Vous apercevez un homme, une femme, et vous ne savez pas pourquoi, vous êtes tout de suite charmé, touché par un détail de son aspect physique : son visage, ses gestes, son comportement, une atmosphère qui l'environne… et vous essayez de vous rapprocher de cet être. C'est tout à fait naturel. Seulement voilà, il faut savoir que ces formes de sympathie immédiate ne signifient pas que vous avez trouvé le grand amour, l'âme sœur. Sauf de très rares exceptions, le choix de la personne avec qui vous pourrez vraiment construire quelque chose d'harmonieux et de stable demande beaucoup de temps et de réflexion.

27 mars

***L**orsque l'homme quitte cette terre, non seulement il doit abandonner ses possessions matérielles, mais tout ce qui lui a été donné dans les autres domaines, soit par les humains, soit par les livres, s'efface aussi, sauf s'il l'a profondément vérifié, expérimenté, vécu. Et quand il revient dans l'incarnation suivante, il doit tout réapprendre avec beaucoup de difficultés. Même le fait qu'il puisse parler ou écrire sur toutes sortes de sujets ne prouve pas qu'il les connaisse vraiment, et il devra recommencer depuis le commencement.

Et regardez encore : les gens se marient, ils ont des enfants, et beaucoup sont aussi démunis et perdus devant ces circonstances que s'ils les abordaient pour la première fois. Pourtant, combien de fois au cours de leurs réincarnations ont-ils connu ces situations ! Mais comme ils n'ont jamais cherché à approfondir réellement leurs rôles et leurs responsabilités de maris, de femmes ou de parents, c'est toujours comme s'ils les découvraient pour la première fois ; et ils font des bêtises et ils souffrent…

28 mars

***P**our goûter le véritable amour, vous devez commencer par rétablir le lien avec le monde divin, car c'est ce lien qui donne le véritable goût aux choses, et même à l'amour. Quand vous avez renoué ce lien, vous sentez un flot d'énergies supérieures qui vient vous inonder. Seule la présence de ces énergies divines peut donner un goût exquis à votre amour, comme si vous communiiez avec toute la nature, avec tout l'univers.

29 mars

Quand vous vous sentez angoissé, tourmenté, ne restez pas là à vous bagarrer avec ces états négatifs, car il n'est pas sûr qu'ils lâchent prise. Vous devez trouver d'autres moyens. Vous avez vu un oiseau picorer du grain sur le sol. Voici qu'un chat s'approche. Que fait l'oiseau ? Il n'attend pas le chat pour l'affronter, il s'envole. Vous direz : « Mais nous, comment nous envoler ? » En vous déplaçant par la pensée, par la prière, vers des régions où règnent la paix, la beauté et la lumière… Certains livres, certains morceaux de musique peuvent vous y aider, mais aussi le contact avec la nature, le travail de l'imagination. L'essentiel, c'est que vous arriviez à changer de plan.

30 mars

*N*ous devons prendre pour guides les grands êtres du passé, mais cela ne signifie pas que nous devions nous conformer à leur enseignement dans tous les détails. Ce qu'il faut conserver, ce sont les principes. Quant aux formes, qui suivent la loi de la vie, elles peuvent, et même elles doivent changer, évoluer. C'est la mauvaise compréhension de cette loi qui produit beaucoup de malentendus. Certains, voulant rejeter des formes qu'ils trouvent dépassées, rejettent aussi les principes. Et d'autres conservent les vieilles formes parce qu'ils les confondent avec les principes. Le résultat, c'est que ceux qui rejettent les principes n'ont plus de boussole pour s'orienter. Quant à ceux qui s'accrochent aux formes, ils se sclérosent. Vous direz : « Mais quels sont ces principes qu'il faut conserver ? » Tous ceux qui mettent l'accent sur la primauté de l'esprit, c'est-à-dire la bonté, la générosité, l'amour, la pureté, le sacrifice… Peu importe les formes dans lesquelles vous les manifestez, là vous êtes libre. Mais vous n'êtes pas libre de rejeter ces principes, car ils sont éternels.

31 mars

L'eau jaillit pure et cristalline sur la montagne. Au fur et à mesure qu'elle descend, elle reçoit les saletés des régions qu'elle traverse et quand elle arrive à la mer, elle est saturée d'impuretés. Mais bientôt, chauffée par les rayons du soleil, elle se transforme en vapeur et reprend le chemin du ciel, jusqu'au jour où elle retombera sous forme de pluie ou de neige.

Ce voyage de l'eau est symbolique. La destinée humaine est à l'image de ces voyages perpétuels de l'eau entre la terre et le ciel. Comme les gouttes d'eau, les âmes descendent sur la terre, chacune dans un lieu déterminé ; de là, elles ont tout un chemin à parcourir, jusqu'au moment où, fatiguées, usées par tous les travaux de la vie, elles retourneront là d'où elles sont venues... pour redescendre à nouveau, un jour, dans un autre lieu. Cela s'appelle la réincarnation.

1er avril

Pensez à préparer les conditions pour que l'Intelligence cosmique puisse vous visiter et travailler sur vous, car sans arrêt, elle envoie dans l'espace des rayons, des particules, afin de vous pénétrer pour vous rendre meilleur. Oui, il faut que vous le sachiez : si vous ne vous améliorez pas, c'est que vous ne faites rien pour permettre à l'Intelligence cosmique de pénétrer en vous. Par vos faiblesses, vos impuretés, vous fabriquez peu à peu une carapace qui vous rend imperméable à son influence. Pour briser cette carapace, vous devez faire un travail de purification, de renoncement. Chaque renoncement à un vice, à une habitude pernicieuse, ouvre une porte pour le monde lumineux. Puisque tellement d'amis du monde invisible veulent vous aider, pourquoi devez-vous les en empêcher ? Ouvrez votre cœur, votre âme, dites : « Bienvenue, esprits lumineux, j'ai besoin de vous, entrez, purifiez-moi, donnez-moi votre lumière ! »

2 *avril*

Il est préférable de toujours donner un but au travail spirituel. Alors, dites-vous : « Je médite, je prie pour la réalisation de telle ou telle chose. » Oui, indiquez la raison, afin que les forces que vous projetez ne se perdent pas en partant dans toutes les directions, mais soient orientées vers un point précis. Ainsi vous deviendrez peu à peu maître de votre pensée. La pensée est très difficile à apprivoiser, à soumettre, elle est comme un cheval sauvage. Dans beaucoup de livres hindous on entend des yogis se plaindre : « Oh Indra, qu'il est difficile de soumettre la pensée ! Autant essayer de faire une corde avec du sable ou de lier le vent. » Mais en s'exerçant tous les jours, et en lui donnant un but, on finit par rendre la pensée docile et surtout agissante.

3 avril

*L*e symbole de Mercure ☿ est formé par le disque solaire surmonté d'un croissant de lune, et avec le signe +, symbole de la terre, mais également celui de l'addition en arithmétique. Pour les alchimistes, ce symbole représente aussi les quatre éléments : deux éléments masculins et deux éléments féminins. La Lune ☽ représente l'eau, le Soleil ☉ le feu, le signe plus + la terre, et Mercure lui-même représente l'air.

Le Soleil et la Lune donnent donc naissance à l'enfant, Mercure, la pierre philosophale qui est pour les alchimistes le symbole de la véritable transformation de l'homme.

4 avril

N'attendez jamais que je vous présente d'autres sujets que ceux qui touchent la nouvelle vie. Si ces sujets ne vous plaisent pas, tant pis, vous pouvez aller chercher ailleurs ce qui vous intéresse, mais de moi vous entendrez toujours le même sujet : la nouvelle vie, comment la respirer, la manger, la boire et la rayonner, car c'est le plus important, et c'est là-dessus que je me suis arrêté. C'est en vivant cette nouvelle vie que toutes les autres sciences se découvriront un jour à vous. Dans les moindres actes de la vie quotidienne vous pouvez voir des correspondances avec l'astrologie, l'alchimie, la Kabbale, la magie. Dans la respiration vous retrouvez l'astrologie ; dans la nutrition, l'alchimie ; dans la parole et le geste, la magie, et dans la pensée, la Kabbale. Apprenez donc comment manger, respirer, agir, parler, penser, et vous posséderez les bases de ces quatre sciences sacrées.

5 avril

*L*e seul véritable créateur est celui qui crée par la pensée, car c'est dans le plan mental que les choses se créent. Dans le plan physique on ne crée pas, on copie, on imite, on bricole. La véritable création a lieu dans le monde spirituel. Donc, même s'ils commandent à la matière, s'ils la dirigent et l'obligent à travailler pour eux, tous ceux qui n'ont pas compris cette vérité se nivellent avec la matière, ils descendent à son niveau et ils perdent donc leur pouvoir de s'imposer, ils perdent leur force magique. Voilà pourquoi je vous dis : si vous voulez devenir un créateur véritable, une puissance formidable, apprenez à vous servir de votre volonté, de votre pensée, de votre esprit, pour façonner les situations et les événements de votre existence.

6 avril

Quand l'enfant forme son corps physique dans le sein de sa mère, il appelle à lui, dans l'au-delà, sa famille invisible, qui est très nombreuse, pour qu'elle l'aide dans cette construction. De tous les côtés arrivent donc des parents, des grands-parents et même de lointains ancêtres qui se mettent à l'ouvrage. Voilà pourquoi le corps physique est conditionné par l'atavisme, l'hérédité. Et cette hérédité peut être saine ou maladive. Toute une génération, parfois plusieurs participent à la construction du corps de l'enfant, qui est donc le reflet, la synthèse de ces générations d'êtres échelonnés sur des siècles et des millénaires. C'est pourquoi il est si difficile d'échapper à l'atavisme, à l'influence d'une famille. Seul le disciple dans une École initiatique, qui est instruit de la toute-puissance de l'esprit sur la matière, arrive peu à peu à changer son hérédité.

7 avril

*C*elui qui veut sincèrement apprendre à vivre dans une collectivité spirituelle produit des changements bénéfiques dans sa conscience. Il comprend qu'il ne peut agir égoïstement, d'une façon désordonnée, car cela entraînera fatalement des désordres et des heurts ; il s'efforce au contraire de s'accorder avec les autres, et il fait des progrès à cause de cette synchronisation avec la collectivité. Et comme cette collectivité elle-même tend à être en harmonie avec l'autre collectivité, la collectivité cosmique, elle installe de bonnes choses dans celui qui travaille à vivre en conformité avec ses règles. Donc, en tâchant de s'harmoniser avec les autres, de vivre une vie plus désintéressée, plus large, plus universelle, l'être humain s'enrichit énormément, car il entre en contact avec l'Intelligence cosmique et reçoit ses bénédictions.

8 avril

On élève des statues aux hommes et aux femmes que l'on considère comme des bienfaiteurs. Parce qu'ils ont sauvé la patrie ou découvert des vaccins, qu'ils ont été de grands poètes, de grands philosophes, etc., on les place sur un piédestal. Et on a raison, bien sûr, je ne dis pas qu'il faut leur enlever leur gloire. Pourtant, je trouve que ceux à qui nous devrions dresser les plus belles statues, c'est à nos ennemis… Mais oui, ce sont eux nos véritables bienfaiteurs : grâce à eux, nous sommes obligés de devenir plus vigilants, plus intelligents, plus patients. Vous trouvez que ce n'est pas sérieux ? Eh bien, trouvez ce que vous voulez, mais tout de même tâchez de réfléchir un peu à cette idée : souvent nos amis nous endorment, tandis que nos ennemis nous bousculent. Vous direz : « Mais c'est affreux, ils vont nous anéantir ! » Non, si vous avez un haut idéal et le désir sincère d'avancer, vous recevrez le savoir et la force d'utiliser tous les obstacles que vos ennemis mettent sur votre route. Ces obstacles seront comme des échelons qui vous permettront de monter de plus en plus haut.

9 avril

L'âme et l'esprit de l'homme sont d'essence divine, et ils se connaissent et se manifestent comme tels en haut, dans le monde qui est le leur. Mais il faut qu'ils se connaissent et se manifestent aussi en bas, à travers la matière, c'est-à-dire à travers le corps physique. C'est là le plus grand mystère de l'existence humaine. Il est symbolisé par l'image du serpent qui avale sa queue : la tête, c'est le Moi supérieur, l'esprit ; et la queue, c'est le moi inférieur, la matière. La tête avale la queue, cela veut dire que l'esprit travaille sur la matière pour pouvoir se manifester à travers elle. L'esprit qui est en haut, qui est omniscient, tout-puissant, doit pouvoir se regarder à travers la matière comme dans un miroir. Voilà le but de l'Initiation : transformer la matière pour qu'elle puisse renvoyer à l'esprit sa propre image.

10 avril

*V*ous ne devez pas vous laisser aller à vos sympathies et antipathies, mais apprendre à les utiliser. Quand quelqu'un vous est sympathique, pensez à lui pour vous réjouir et prendre courage. Oui, quelqu'un de sympathique agit favorablement sur vous, et profitez donc des bonnes dispositions dans lesquelles il vous met. Vous direz : « Et avec quelqu'un d'antipathique, que faire ? » Eh bien, là, exercez-vous, dites-vous : « À nous deux, maintenant, il faut surmonter ça ! » Essayez, et vous verrez combien vous deviendrez fort et puissant. Oui, il y a toujours des occasions qui se présentent à vous pour vous renforcer. Pourquoi ne les utilisez-vous pas ? Vous vous en tenez à vos sentiments de sympathie ou d'antipathie… Eh non, c'est insuffisant, il faut savoir que ce sont des impulsions qui naissent en vous, non pour que vous vous abandonniez, mais pour que vous les utilisiez intelligemment et les fassiez servir à votre évolution.

11 avril

*S*i l'on s'en tient aux apparences, en se plaçant du point de vue géocentrique, on observe que c'est le soleil qui se lève, qui se couche et qui tourne autour de la terre. Ainsi, tous ceux qui se sont habitués à observer, à raisonner et à tirer des conclusions à partir des apparences, se trompent. Leur science, leur philosophie sont erronées parce qu'ils les ont fondées sur l'illusion que le soleil tourne autour de la terre – symboliquement parlant. Tandis que ceux qui parviennent à quitter le point de vue géocentrique pour le point de vue héliocentrique, qui savent se placer sur le soleil, afin de tout regarder depuis le soleil, ceux-là voient la vérité. Vous direz : « Mais nous savons tous que c'est la terre qui tourne autour du soleil ! » Oui, vous le savez théoriquement, mais en pratique vous faites comme si c'était le soleil qui tourne autour de la terre. Voilà pourquoi je vous répète : « Travaillez chaque jour à trouver le soleil en vous, c'est-à-dire la partie divine de vous-même, et vivez là, regardez et agissez de là, et vous serez dans la vérité ».

12 avril

Celui qui est parvenu à allumer son cierge, son esprit, ainsi que sa veilleuse, son âme, à la flamme céleste, peut allumer d'autres esprits et d'autres âmes autour de lui. Comme dans les églises orthodoxes le matin de Pâques, où chacun allume sa bougie à la flamme de celui qui est à côté de lui. Ces cierges qui s'allument les uns après les autres, c'est extraordinaire, on dirait que le feu est en marche… jusqu'au moment où l'église est remplie d'une multitude de petites flammes ! Donc, que tous ceux qui ont déjà leur cierge allumé essaient au moins d'allumer celui de leurs parents, de leurs amis, de leurs enfants. Pourquoi garder la lumière seulement pour soi ? Ici, on vous apprend à allumer votre cierge, mais c'est aussi pour que vous en allumiez d'autres ; et c'est pour cela qu'il faut apprendre à entretenir la flamme.

13 avril

*S*eule la beauté peut nous sauver. Pas cette beauté physique des hommes et des femmes qui nous entraîne justement dans les passions et les tragédies. La beauté qui peut nous sauver est la beauté spirituelle. Par la méditation, par la contemplation nous devons chercher à sentir cette beauté, à nous en revêtir, à nous en imprégner car c'est elle qui nous préserve de la beauté trompeuse. Mettez à un enfant un costume neuf, il n'a pas besoin d'être très intelligent pour sentir qu'il ne doit pas tacher ses vêtements en jouant dans le ruisseau. De la même façon, quand vous avez réussi à atteindre le monde de la véritable beauté, qui est pure lumière, et que votre aura est imprégnée de cette lumière, vous n'avez plus aucune envie d'aller vous plonger n'importe où pour salir ce magnifique vêtement. C'est donc cette beauté qui vous sauve. Mais évidemment, tant que vous vous sentez comme celui qui, vêtu d'une salopette, patauge dans la boue, le fumier ou le cambouis, vous ne reculerez devant aucune saleté, aucune impureté.

14 avril

*Q*u'est-ce en réalité que le travail de la pensée ? En nous, autour de nous existe une matière subtile mais inorganisée, car elle n'a pas encore reçu de formes. C'est sur cette matière que notre pensée a des pouvoirs, et c'est donc à nous de la prendre comme une pâte à modeler afin de devenir des créateurs dans le monde de la beauté, de l'harmonie et de la lumière. Ce que l'homme crée dans le plan matériel est important bien sûr, mais infiniment plus importantes sont ses créations psychiques, et c'est sur ces créations qu'il est jugé par le Ciel. La majorité des humains, qui ne maîtrisent pas leur pensée, peuplent l'espace de créatures monstrueuses, diaboliques qui vont partout propager le mal. Le disciple, au contraire, qui connaît les pouvoirs de la pensée, tâche de ne produire que des créatures bénéfiques qui iront porter la paix et la lumière partout dans le monde.

15 avril

*L*a science a pris depuis trop longtemps le chemin de l'analyse : séparer, couper, disséquer… Bien sûr, il est nécessaire de temps à autre d'analyser tel ou tel point de détail, mais la synthèse est la seule méthode vraiment utile et riche, parce que seule la synthèse vivifie ; avec l'analyse, on se limite, on se rétrécit de plus en plus. On peut donc dire que l'analyse tend vers la mort, alors que la synthèse tend vers la vie… Une preuve : que fait la mère ? Pour former son enfant, elle rassemble des milliards d'éléments : l'enfant, c'est cette synthèse vivante qui bouge, qui mange, qui parle. Plus tard, quand l'heure de l'analyse arrive, chaque particule du corps s'en va rejoindre la région d'où elle est venue : la terre, l'eau, l'air, le feu… Exactement comme les lettres retournent aux casiers du typographe. Donc, si vous vous acharnez toujours à analyser, à disloquer, à démonter les choses et les êtres, vous marchez vers la mort, la mort spirituelle.

16 avril

*L*e Seigneur n'attend pas que nous réalisions son Royaume en haut, où il est déjà fondé depuis la création du monde ; Il nous demande de le réaliser sur la terre, parmi les humains, en sachant manifester les vertus divines. Tous les grands Maîtres, les Initiés savent qu'ils sont venus sur la terre pour travailler à la réalisation du Royaume de Dieu. Donc, les enseignements qui incitent les humains à abandonner la terre, sous prétexte qu'elle est une vallée de larmes et que leur véritable patrie est ailleurs, ne sont pas conformes aux projets de Dieu. D'après ce que nous savons et ce que les grands Initiés nous ont enseigné, le désir et le plan de Dieu, c'est la réalisation de son Royaume sur la terre. L'homme doit travailler sur la matière, la rendre sensible et subtile pour qu'elle puisse vibrer en harmonie avec le monde de l'esprit.

17 avril

L'Intelligence cosmique a donné à toutes les créatures dans l'univers un son déterminé, elle les a accordées pour qu'elles puissent former une symphonie dans l'immensité. Il n'y a que sur la terre, malheureusement, que cette symphonie n'existe pas, parce que les humains ont quitté cet état d'innocence dans lequel Dieu les avait créés et ils n'arrivent plus à vibrer à l'unisson de l'harmonie universelle. Ils n'y arrivent pas parce que leur conscience est limitée, centrée sur leur personnalité, leur nature inférieure, qui ne leur inspire que des réactions égoïstes, intéressées, passionnelles. Le jour où ils commenceront à sortir des limites de leur nature inférieure pour entrer dans l'immensité de leur nature supérieure, ils vibreront en accord avec tout l'univers. Et à cause de cet accord ils recevront les meilleures influences du cosmos, car ils auront rétabli le canal pour que les énergies célestes puissent circuler et venir les visiter.

18 avril

*A*u lieu de perdre son temps à se poser des questions inutiles : « Mon Maître est-il la réincarnation de Jésus, de saint Jean, de Bouddha ? Est-il Melkhitsédek ? » il est préférable pour le disciple de trouver ce qui est le plus utile pour son Maître et pour lui-même : travailler avec l'amour et la lumière. Et il n'a pas non plus à se demander si son Maître est plus grand ou plus petit que tel autre. Ce n'est pas cela qui le fera évoluer. Ce qui le fera évoluer, c'est son travail et sa fidélité à l'égard de son Maître.

19 avril

Vous ne trouverez le sens de la vie qu'en vous mettant au service du plus haut idéal, car derrière cet idéal il y a des milliards de créatures lumineuses qui travaillent. Quand ces créatures verront que vous participez avec elles à la construction d'un monde nouveau, elles vous combleront de tous les bienfaits et vous sentirez alors quelque chose en vous qui éclate, qui déborde... Même si vous ne demandez rien, même si vous n'attendez rien, vous sentirez que vous avez tout reçu.

20 avril

Tant que vous n'aurez pas appris à vous dominer, vos cellules ne vous obéiront pas. Pour qu'elles se soumettent à vos ordres, il faut qu'elles sentent en vous un chef. Il a été souvent mentionné que, dans les forêts de l'Inde, des yogis peuvent méditer des heures sans que les fauves viennent leur faire du mal. Oui, parce que les animaux sentent que ces yogis sont des êtres qui se maîtrisent, et ils les respectent. Dans toutes les créatures est inscrit un sens de la hiérarchie. Même les fauves sentent votre degré d'évolution. Alors, à plus forte raison vos cellules qui sont comme de petits animaux intelligents.

21 avril

Il est écrit : « *Au commencement Dieu créa le ciel et la terre.* » Toute la philosophie est contenue dans ces deux seuls mots : le ciel et la terre. Qu'est-ce que le ciel ? C'est l'esprit, la lumière, les vertus. Et la terre, c'est le monde matériel, le corps physique. Moïse, qui était un grand Initié, a d'abord mentionné le ciel, puis la terre. Tandis que les humains ont plutôt tendance à mettre la terre à la première place. Et certains même vont encore plus loin : ils font comme si seule la terre avait été créée, et on ne sait même pas par qui ! Alors, voilà pourquoi rien ne va plus dans le monde : parce qu'on donne la priorité à la terre. Et ce déséquilibre se répercute aussi dans l'être humain. Il faut savoir que l'origine de tous les déséquilibres est la méconnaissance de la place que le Créateur a donnée à l'esprit et à la matière. Bien sûr, il ne faut pas négliger la matière, le corps physique, mais il est encore plus préjudiciable pour l'homme de ne pas avoir compris une fois pour toutes qu'à la première place il y a toujours l'esprit.

22 *avril*

*L*a Nouvelle Jérusalem est un symbole de l'homme nouveau dont les qualités et les vertus sont représentées par l'or, les perles, les pierres précieuses. Chacun d'entre nous doit devenir la Nouvelle Jérusalem. Depuis deux mille ans, de nombreuses sociétés occultes ont prétendu être la Nouvelle Jérusalem. Mais comment peut-on se prendre pour la Nouvelle Jérusalem quand on reste dans l'incompréhension et les vieilles formes, quand on ne possède pas les clés qui ouvrent le livre de la vie ? Seul est une Nouvelle Jérusalem celui qui possède les clés permettant d'ouvrir les sept sceaux, c'est-à-dire qui comprend en profondeur les Écritures. Être la Nouvelle Jérusalem, ce n'est pas balbutier quelques bribes de la Science initiatique et, à côté, se montrer toujours le même : craintif, chétif, incertain, faible et méchant. Nous tous, nous pouvons être la Nouvelle Jérusalem, à condition d'avoir cette lumière qui non seulement nous donne la connaissance mais nous montre comment la manifester dans notre vie.

23 avril

*L*a profondeur est liée au sentiment, la hauteur à la pensée et la largeur à l'activité. Il ne faudrait donc pas parler de pensées profondes, mais de pensées élevées, ni de sentiments élevés mais profonds. Quant à l'activité, elle doit être large, vaste. Au cours de sa croissance, l'arbre se développe successivement dans ces trois dimensions. Tout d'abord, le germe donne naissance à la racine qui s'enfonce dans le sol. Plus la racine est longue et s'enfonce profondément, plus l'arbre pourra s'élever et s'élargir. Ensuite pousse le tronc qui s'élève vers les hauteurs. Une fois la profondeur des racines et la hauteur du tronc assurées, l'arbre peut s'élargir par ses branchages. L'homme doit grandir et croître à la manière de l'arbre. Ce n'est qu'après avoir approfondi ses sentiments qu'il peut élever sa pensée, et lorsque sa pensée se sera élevée, il pourra élargir son activité.

24 avril

Quelques personnes se réunissent pour décider d'un projet : si ces personnes sont capables de faire preuve de compréhension et d'amour les unes vis-à-vis des autres, ce sera facile. Mais si elles viennent sans amour, elles vont seulement critiquer ou contredire, s'opposer, et elles ne trouveront jamais de solution. C'est souvent ce qui se passe dans les assemblées, les réunions, parce qu'il n'y a pas d'amour. Lorsqu'on vient vraiment inspiré par l'amour, il suffit parfois de cinq minutes pour résoudre des problèmes qui, sans cela, resteraient insolubles pendant des années.

Si vous n'arrivez pas à résoudre les problèmes, il ne faut pas être tellement fier, il faut réfléchir à ce qui vous en empêche : n'est-ce pas le manque d'amour ? Mettez un peu plus d'amour et les problèmes seront résolus, vous partirez tout heureux, étonné même que ç'ait été si simple.

25 avril

***M**oïse avait imposé à son peuple des lois implacables : œil pour œil, dent pour dent. La moindre faute devait être punie, il n'était jamais question d'indulgence ou de pardon. Mais c'était normal, l'humanité en était à un degré d'évolution où elle avait besoin de règles strictes et devait commencer par apprendre la justice. À cette époque-là, la justice était déjà un grand progrès. Mais cette situation ne pouvait durer éternellement. Dieu est clément et miséricordieux, et il fallait que les humains deviennent comme Lui, cléments et miséricordieux. C'est pourquoi Jésus est venu enseigner le pardon. Étudiez la façon dont il a agi avec la femme adultère que les Pharisiens voulaient lapider : par son attitude Jésus transgressait la loi de justice, mais en transgressant cette loi de justice, il instituait la loi d'amour.

26 avril

*U*n jour, les disciples de Nastradine Hodja demandèrent à leur Maître : « Nastradine Hodja, quand le monde finira-t-il ? – C'est très simple, répondit Nastradine Hodja, quand je mourrai. » Il avait raison : lorsqu'un homme meurt, le monde entier disparaît avec lui, et s'il est vivant, le monde aussi est vivant. II y a là de quoi réfléchir !… Oui, il dépend de vous, de votre conscience, que le monde soit vivant ou mort, spirituel ou matériel, subtil ou grossier, beau ou laid. Vous direz : « Mais on sait cela ! » Eh bien, si vous le savez, pourquoi n'arrivez-vous pas à le réaliser ? Vous connaissez tout, et vous ne faites rien. Faites quelque chose, décidez-vous à changer vos lunettes intérieures afin que le monde et les êtres deviennent pour vous véritablement vivants.

27 avril

Dans tous les domaines, politique, social, scientifique, économique, religieux, moral, on entend les gens parler de responsabilité. Mais combien d'entre eux sont capables d'envisager cette question avec la même largeur de vue qu'un Initié ? La plupart du temps, ils ressentent leur responsabilité comme un fardeau terrible, une source de troubles et d'ennuis. Alors, au lieu d'en être renforcés, illuminés, ils sont alourdis, écrasés. Un véritable Initié, qui cherche sans arrêt comment se manifester et agir afin d'entraîner son entourage dans une direction divine, trouve au contraire dans ses responsabilités des possibilités d'évolution jusqu'à l'infini. Cela ne veut pas dire qu'il ne sente aucun poids… mais il se dit : « Grâce à cette charge, je vais développer la vigilance, je vais élargir ma conscience », et c'est ainsi qu'il avance, grandit, s'enrichit.

28 avril

*A*vant d'agir, prenez l'habitude de vous élever par la pensée jusqu'à un sommet d'où vous pourrez apercevoir clairement la situation. Et même si vous n'avez rien de spécial à faire, dès que se présentent quelques secondes de libres, entrez en vous-même et imaginez que vous montez jusqu'à ce sommet. Quand vous aurez ensuite à agir, à prendre des décisions, le terrain sera dégagé et vous agirez correctement. C'est parce qu'ils négligent cette pratique qu'on voit les gens tellement désorientés et malheureux. Ils agissent toujours sur des impulsions irréfléchies, et évidemment ils se cassent la tête. Sentant qu'ils se sont trompés, ils prennent une autre direction ; mais comme, une fois de plus, ils n'ont pas réfléchi, là encore ils se cassent la tête. Eh oui, la tête des humains est couverte de bleus, de bosses, de creux, symboliquement parlant. Alors, il est temps qu'ils prennent au sérieux les conseils des sages qui leur disent : « Entre en toi-même, médite », car c'est ainsi qu'ils finiront par se hisser jusqu'à ce sommet spirituel d'où l'on peut saisir les multiples aspects de la réalité afin de pouvoir mieux travailler et se manifester.

29 avril

Habituez-vous à vous lever tôt pour assister au lever du soleil, car c'est là, le matin, à son lever, que le soleil vous apparaîtra dans toute sa splendeur, dans toute sa signification. Vous apprendrez à entrer en contact avec lui, avec son esprit, à absorber ses rayons qui sont les germes de la vie. C'est en allant au lever du soleil que vous gagnerez la vie éternelle, en captant et en accumulant en vous ces germes vivants qui sont en suspension dans l'atmosphère. Sans doute pouvez-vous trouver aussi ces particules lumineuses en priant, en méditant, en chantant, en respirant et en mangeant avec amour. Mais vous ne les trouverez jamais aussi abondantes et aussi pures qu'à la source, dans le soleil.

30 avril

L’intellect possède la lumière, c’est-à-dire qu’il voit, et ainsi il peut observer, se renseigner, avertir… Tandis que le cœur, lui, possède la chaleur, et avec cette chaleur il donne l’élan, il a toutes les possibilités pour mettre les choses en mouvement, les faire avancer, les déplacer.

L’image du bateau vous donnera une idée de ces différentes fonctions du cœur et de l’intellect. En haut, sur le pont, il y a un capitaine ; c’est lui qui voit, qui indique la direction, qui donne des ordres. En bas se trouvent les machinistes qui s’occupent de faire avancer le bateau ; ils ne voient rien, mais ce sont eux qui s’occupent de la propulsion, ce n’est pas le capitaine ; et s’ils ne veulent pas obéir, le bateau n’avance pas. Pour que le bateau avance en sécurité et sur la bonne route, il faut que tous s’unissent : le capitaine et les machinistes. Tels sont également la nature et le rôle de l’intellect et du cœur. L’intellect est supérieur pour la vision, tandis que le cœur est supérieur pour l’impulsion.

1er mai

*L*e bruit retient l'homme dans les régions psychiques inférieures : il l'empêche d'entrer dans ce monde subtil où le mouvement devient plus facile, la vision plus claire, la pensée plus créatrice. Bien sûr, le bruit est une expression de la vie, mais pas des degrés supérieurs de la vie, il révèle plutôt une imperfection dans la construction ou le fonctionnement des êtres et des objets. Une machine qui commence à faire toutes sortes de bruits est une machine qui a des ratés.

La douleur elle-même est un bruit qui nous prévient que les choses sont en train de se gâter dans nos organes. Dans un corps sain les organes sont silencieux. Bien sûr, ils s'expriment puisqu'ils sont vivants, mais ils s'expriment sans bruit. Le silence est le signe que tout fonctionne correctement dans l'organisme.

2 mai

*S*i vous voulez vraiment aider les autres, vous devez prendre l'habitude de les quitter de temps en temps pour monter vers Dieu. Ce n'est pas en restant constamment avec les humains qu'on peut les aider, mais en s'élevant soi-même pour recueillir des richesses qu'on distribuera plus tard autour de soi. Comment un homme faible, ignorant, sans grandes vertus, peut-il aider les autres avec des moyens qu'il ne possède pas ? Il ne peut que créer le trouble et l'agitation autour de lui. Le seul moyen d'aider les êtres, c'est de partir de temps en temps dans sa patrie céleste et de revenir pour distribuer les richesses que l'on aura amassées.

3 mai

Quand vous voyez quelqu'un porter une croix au cou, vous savez tout de suite qu'il est chrétien. En portant cette croix, il veut affirmer sa foi, s'assurer la protection du Ciel ou favoriser son évolution. Eh bien non, les croix n'ont jamais sauvé les hommes de leurs maladies ou de leurs péchés. Si quelqu'un n'a rien de bon dans sa tête ou dans son cœur, ce n'est pas une croix qui va le transformer ou le protéger.

La croix est un symbole cosmique qu'il faut étudier et considérer avec le plus grand respect. Il est bon de porter sur soi une croix, mais à condition d'en comprendre le sens, sinon le symbole travaille contre la personne qui le porte. Devant une croix tous les êtres évolués ressentent un frisson sacré, mais avant de la porter ils tâchent d'en approfondir le sens, car ils savent que celui qui porte une croix sans faire aucun effort pour la comprendre et la vivifier en lui-même marche vers la souffrance et la mort.

4 mai

Quand on observe les humains, même les plus cultivés, les plus lettrés, on constate souvent qu'ils restent entièrement plongés dans la prose : ils sont froids, figés, on ne sent aucune chaleur, aucune poésie en eux, leur visage est terne. La poésie est abandonnée aux poètes qui l'écrivent. Même si, de temps en temps, les gens lisent un peu quelques vers, la vie qu'ils mènent n'est pas poétique. C'est pourquoi, désormais, l'art nouveau sera d'apprendre à vivre jour et nuit dans la poésie, c'est-à-dire à être chaleureux, expressif, vivant. Et c'est à ce moment-là qu'on commencera à les aimer. Les humains sont extraordinaires : ils veulent qu'on les aime, mais ils restent glacés, fermés, ternes, prosaïques. Eh bien, non, on ne peut pas être aimé quand on est antipathique. Pour être aimé on doit apprendre à vivre cette vie poétique grâce à laquelle on apportera aux autres la chaleur et la lumière.

5 mai

***D**ans la vie courante vous êtes sans cesse sollicité par toutes sortes d'activités qui représentent pour vous des tentations. En apparence tout cela est vraiment sensé, intelligent, mais après quelque temps vous vous apercevez que vous vous êtes beaucoup agité sans grand résultat. Cela ne veut pas dire que vous ne devez vous intéresser à rien en dehors de la vie spirituelle ; au contraire, vous pouvez vous intéresser à tout mais à condition que vous soyez bien accroché à un haut idéal, à une philosophie divine. Si vous vous tenez à une corde solidement fixée vous pouvez vous balancer dans toutes les directions. Mais si le nœud n'est pas solide, ou que la corde est usée, vous allez tomber et vous casser les reins. On en revient toujours à l'importance du lien ; c'est cela qu'on ne doit jamais oublier : le lien, le lien avec le Ciel.

6 mai

Il faut savoir que chaque chose, chaque être dans la nature a deux pôles. Regardez un arbre : par ses branches et ses feuilles, il se nourrit d'air et de lumière, tandis que par ses racines il se nourrit d'eau et de terre. L'homme, comme l'arbre, reçoit donc des forces d'en haut et des forces d'en bas.

Quand Adam et Ève vivaient au Paradis, dans le jardin d'Éden, c'était comme s'ils vivaient dans les fleurs. Les fleurs sont exposées à l'air, à la lumière du soleil, elles reçoivent la visite des papillons, des abeilles : c'est une vie céleste et rayonnante que l'on vit dans les fleurs. Mais le jour où, sous l'influence du serpent, Adam et Ève ont quitté les fleurs et sont descendus à travers le tronc jusqu'aux racines de l'Arbre cosmique, ils ont atteint des régions qui étaient privées de lumière et de chaleur ; ils ont alors senti le poids de la matière et tout est devenu plus difficile : se mouvoir, se nourrir, etc. Et c'est encore la situation de l'humanité actuelle. Mais le travail du disciple justement est d'apprendre à dominer et à utiliser les forces souterraines qu'il puise par ses racines pour produire des fleurs et des fruits.

7 mai

*L*a réalité, c'est ce que vous sentez. Si vous sentez la joie, la splendeur, la paix, la liberté, la force, est-ce tellement important si, en dehors de vous, cela existe vraiment ? Vous vous sentez dans l'abondance, alors qu'importe si extérieurement vous êtes dans la misère et la pauvreté, puisque vous ne vivez pas dans le côté extérieur, mais seulement dans vos sensations ? À la première place, il y a le monde intérieur, c'est simple, c'est évident, mais les gens cherchent toujours leur raison de vivre dans le monde extérieur sans se rendre compte que le monde extérieur, on ne peut pas le vivre ! On peut seulement le voir, l'observer, le dessiner, etc. Pour pouvoir le vivre, il faut au moins posséder intérieurement l'élément correspondant. Si vous n'avez aucun sens esthétique, même lorsque vous vous trouvez devant les splendeurs de la nature, vous restez impassible et froid, vous ne sentez rien, et c'est donc comme si vous n'aviez rien.

8 mai

*L*e véritable christianisme est d'abord un travail de l'esprit : la prière, la méditation, la contemplation. Malheureusement, depuis longtemps, les chrétiens n'ont plus pour idéal celui de Jésus mais celui de l'Église. Ils ont négligé les grandes vérités, les prescriptions les plus importantes et maintenant, lorsque quelqu'un veut se conformer au précepte de Jésus qui disait : *« Soyez parfaits comme votre Père Céleste est parfait »*, l'Église, indignée, s'exclame : « Quel orgueil ! » Cela prouve qu'elle a abandonné l'esprit des Évangiles, car devenir parfait, c'était cela le véritable enseignement de Jésus. Mais non, on peut être médiocre pourvu qu'on aille à la messe prendre un peu d'eau bénite, marmonner quelques prières et recevoir l'hostie. Que l'on rentre chez soi toujours aussi méchant ou malhonnête, cela n'a pas d'importance. Eh oui, malheureusement, la meilleure preuve de l'insuffisance de cette « morale » chrétienne, c'est que les humains ne se transforment pas.

9 mai

***L**a pyramide est un cube surmonté de quatre faces triangulaires. Symboliquement le cube est identique au carré, c'est le quatre, le nombre de la matière, des quatre éléments. Le cube représente tout ce qui est solidement et durablement établi dans la matière. Mais le cube n'est que la base de la pyramide et cette base supporte quatre triangles. Par rapport au carré, symbole de la matière, le triangle est le symbole de l'esprit, trois étant le nombre des principes divins : lumière, chaleur et vie. Quatre (la matière) plus trois (l'esprit) égalent sept, le nombre de l'homme. La tête, c'est le trois ; les deux bras et les deux jambes, le quatre ; et le trois est placé au-dessus du quatre. Le trois s'unit donc au quatre pour former un être vivant : le sept.

10 mai

Il est important pour l'homme de se débarrasser de ses impuretés, c'est pourquoi les exercices de purification ont une si grande place dans la Science initiatique. Cette purification, nous ne devons pas seulement l'entreprendre par des moyens physiques (le jeûne, les exercices respiratoires, les ablutions, etc.), mais aussi par des moyens spirituels : la concentration, la méditation, la prière, afin d'introduire en nous-même une substance qui désagrège et rejette les éléments étrangers et nocifs.

La pureté est la condition de l'épanouissement de l'être humain, la condition de sa santé, de sa force, de sa beauté, de son intelligence, de sa joie, de son amour.

11 mai

Faire le silence, c'est en quelque sorte faire le vide en soi, et c'est dans ce vide que l'on reçoit la plénitude. Oui, car en réalité le vide n'existe pas. Enlevez l'eau d'un récipient, il y entre l'air, enlevez l'air, il y entre l'éther… Quand on essaie de faire le vide, la matière est chaque fois remplacée par une matière plus subtile. De la même façon, quand on arrive à rejeter les pensées, les sentiments et les désirs inférieurs, c'est la lumière de l'esprit qui fait irruption et à ce moment-là, on voit, on sait.

12 mai

Il est dit qu'au commencement Dieu créa la lumière. Mais cette lumière n'était pas la lumière physique que nous connaissons et qui n'est apparue que le quatrième jour avec la création du soleil et des étoiles. La lumière que Dieu a appelée au commencement, c'est la lumière cosmique, la lumière spirituelle grâce à laquelle Il a créé le monde. Si l'on médite sur cette lumière on peut atteindre l'essence même de Dieu.

Quand vous faites des exercices de respiration, quand vous priez, méditez, chantez, ou quand vous assistez au lever du soleil, vous ne faites rien d'autre que d'absorber cette quintessence répandue dans l'univers en quantité prodigieuse. Si vous n'en recueillez pas beaucoup, c'est que vous n'avez pas encore suffisamment développé en vous les appareils capables de la capter.

13 mai

*T*ant que vous resterez dans les plans astral et mental inférieurs*, vous serez tendu, agité et vous ne trouverez jamais le silence nécessaire au travail spirituel. C'est la nature des pensées et des sentiments ordinaires qui produit de tels effets et il ne peut en être autrement. Il faut bien connaître la nature de chaque chose. De même que les chimistes étudient la nature et les propriétés des éléments chimiques, vous devez étudier la nature et les propriétés des éléments psychiques. Et justement, il est dans la nature des pensées et des sentiments intéressés, égoïstes, de provoquer en vous la tension, l'excitation, le désordre. Quels que soient les efforts que vous faites pour méditer, vous n'y arriverez pas tant que vous n'aurez pas maîtrisé en vous les mouvements de la nature inférieure.

* Voir note et schéma, p. 394 et p. 395.

14 mai

*L*a seule religion universelle est la religion du soleil, car seul le soleil est universel. « Et le Seigneur ? » Évidemment, le Seigneur… Mais le Seigneur est tellement sublime, tellement inaccessible ! On ne veut pas accepter le soleil sous prétexte qu'on ne doit glorifier et adorer que Dieu seul. Mais comme on n'est pas capable d'aller jusqu'à Lui, on reste dans le vide. Sous prétexte qu'on ne doit reconnaître que le Seigneur, on ne sent et ne comprend rien du tout. Est-ce intelligent ? Pourquoi ne pas voir que le soleil est celui qui peut mieux que tout nous rapprocher du Seigneur en nous donnant une image de sa grandeur, de sa lumière, de son amour, de sa puissance ? On rejette le soleil et c'est pourquoi on reste dans les ténèbres, dans le froid, dans la faiblesse.

15 mai

*L*a nature, qui est prévoyante, a découvert un moyen radical contre la paresse : l'estomac. Comme l'homme a faim il est obligé de se débrouiller pour trouver de quoi manger : ou bien il cherche sa nourriture, ou bien il travaille pour l'acheter. S'il n'avait pas faim, il ne ferait rien, ça c'est sûr.

La nécessité, le besoin sont les seuls remèdes à la paresse. C'est pourquoi il faut laisser les paresseux dans le besoin, car c'est le besoin qui les guérira. Malheureusement, c'est une vérité que beaucoup de mères ont de la peine à comprendre ; dans leur amour aveugle elles veulent épargner le besoin à leurs enfants, et c'est ainsi qu'elles les poussent à la paresse, à la faiblesse. Les mères sont capables de comprendre beaucoup de choses, sauf que le véritable amour c'est de faire travailler leurs enfants, car c'est dans le travail que l'on peut tout trouver : la santé, le bonheur, la puissance, le sens de la vie.

16 mai

*L*es humains ne savent pas vivre dans le monde merveilleux de l'imagination poétique. Même chez les artistes, les peintres, les poètes, les cinéastes, les dramaturges, on voit apparaître une tendance à présenter dans leurs œuvres la réalité la plus grossière, la plus répugnante, comme si nous ne la connaissions pas suffisamment. Il est préférable pour l'épanouissement de l'être humain qu'il puisse se plonger dans la beauté d'un monde féerique qui lui donne le désir de se tendre vers lui et d'y vivre. Vous direz : « Mais c'est un monde irréel ! » Eh bien, justement, c'est ce monde irréel qui est la réalité absolue. C'est là enfin qu'on se sent vivre dans la pureté, dans la lumière. La vraie réalité, il faut la chercher en haut dans le domaine de l'âme et de l'esprit.

17 mai

Vous devez chercher l'harmonie par amour de l'harmonie, par besoin de l'harmonie, par besoin d'entrer dans la symphonie universelle. C'est ainsi que vous ouvrirez les portes aux forces et aux entités lumineuses de la nature qui s'engouffreront et s'installeront en vous. S'harmoniser, c'est s'ouvrir, et cette ouverture est la condition pour que les forces lumineuses pénètrent en vous. Vous direz : « Oui, mais comment s'ouvrir ? » C'est simple : en aimant. Quand on aime, l'harmonie s'installe et alors les portes s'ouvrent, les fenêtres s'ouvrent et toutes les bénédictions célestes entrent en vous.

18 mai

Il n'est pas interdit d'aimer les pierres précieuses et même de désirer en posséder, mais à condition de savoir comment les considérer. « Et alors, comment les considérer ? » direz-vous. Comme un lien avec le monde spirituel. Vous devez vous concentrer sur elles, sur leur pureté, leurs couleurs, sur leur pouvoir de laisser passer la lumière puis demandez-leur d'entrer en vous avec toutes leurs propriétés et vertus, afin que votre être entier soit éclairé des mille feux des saphirs, des diamants, des rubis, des émeraudes, des topazes, etc. Voilà pourquoi on doit aimer les pierres précieuses et les rechercher. Pas pour les utiliser comme parure, mais pour être illuminé et nourri de leur quintessence.

19 mai

*L*a véritable poésie n'est pas dans la littérature, la véritable poésie est une qualité de la vie intérieure. Tout le monde aime la peinture, la musique, la danse, la sculpture, etc. Alors, pourquoi ne pas mettre la vie intérieure en harmonie avec ces couleurs, ces rythmes, ces formes, ces mélodies ?

Vous devez comprendre que la poésie doit commencer en vous-même, que tout ce que vous vivez, tout ce que vous faites, doit être poétique, c'est-à-dire exprimer un état de conscience limpide et lumineux. C'est cet état de conscience qui crée la vraie poésie : vous êtes inspiré, vous sentez comme un courant ininterrompu qui vous traverse, parce qu'intérieurement vous êtes lié au monde de l'harmonie. Mais au moment où vous sortez de ces degrés élevés de la conscience et que vous ne vibrez plus à l'unisson avec ces courants spirituels, vous tombez immédiatement dans la prose.

20 mai

*L*a leçon la plus sublime que nous donne le soleil, c'est son universalité. Il ne se préoccupe pas de savoir ce que sont les créatures auxquelles il envoie ses rayons. Qu'elles soient intelligentes ou stupides, bonnes ou criminelles, qu'elles méritent ou ne méritent pas ses bienfaits, il les éclaire toutes sans distinction. Prenez même les êtres les plus extraordinaires qui ont existé : tous ont eu quelques partis pris, quelques préférences et même quelques animosités. Oui, même les plus grands prophètes, même les plus grands Maîtres n'ont pas pu se libérer tout à fait du besoin d'appliquer la loi de justice et de punir les méchants, car rien n'est plus difficile que d'arriver à se dépouiller du moindre sentiment d'animosité. Seul le soleil en est vraiment capable. Depuis des millions d'années il attend patiemment le perfectionnement des créatures. Il sait que nous sommes des étincelles divines et que nous deviendrons un jour comme le Seigneur. C'est pourquoi il a la patience de continuer à s'occuper de nous. Cette grandeur, cette immensité ne suffisent-elles pas pour vous stimuler ?

21 mai

Contenir l'énergie sexuelle sous le seul prétexte d'obéir à des règles édictées par l'Église ou par la société, cela s'appelle tout simplement du refoulement. Et le refoulement ne peut pas être une solution au problème de la sexualité ; le refoulement, c'est le refus de donner à la force sexuelle son issue naturelle sans avoir dans la tête un idéal assez puissant, capable de faire un travail dans les plans supérieurs pour canaliser et transformer cette force. Le véritable renoncement ne doit pas être une privation, mais une transposition dans un autre plan. C'est la même activité qui continue, mais orientée vers les plans supérieurs. Il ne faut pas se priver, il ne faut pas renoncer, mais seulement déplacer, c'est-à-dire faire en haut ce qu'on faisait en bas : au lieu de boire de l'eau d'un marécage, symboliquement parlant, boire l'eau d'une source pure, cristalline.

22 *mai*

*L*a plupart des gens n'osent pas vous dire la vérité sur vous-même, sur vos défauts, sur vos faiblesses, parce qu'ils craignent de perdre vos services ou de faire de vous leurs ennemis. Derrière cette attitude aimable, délicate, il y a donc un intérêt, et c'est ainsi que vous conservez vos défauts qui, avec le temps, ne font que s'aggraver. Un véritable Initié, lui, se conduit différemment. Il n'a aucun intérêt, il n'a pas peur, il n'a rien à perdre : il a déjà tout gagné, puisqu'il connaît la vérité, et il vous montre donc vos imperfections, et surtout ce qui vous fait du mal, ce qui vous retient dans les régions inférieures… Tout ce qui vous rend malade et malheureux, il ose vous le dire. Pourquoi ? Parce qu'en réalité, c'est lui votre meilleur ami et qu'il veut vous donner les moyens de remédier à vos lacunes.

23 mai

Il est écrit dans les Évangiles qu'on est toujours obligé de servir un maître. Donc, si on ne sert pas le Christ et la lumière, on est obligé de servir le Diable et les ténèbres. Ce sont des lois. Si vous dites : « Oh ! moi, je n'accepte pas la lumière, je n'accepte pas le Christ, je veux être libre… », eh bien, vous ne pourrez pas empêcher l'Enfer de s'installer en vous. Celui qui cherche ainsi la liberté ne la cherche pas vraiment, puisqu'il trouve l'esclavage. C'est une autre entité qui commence à l'instruire, et comme il est un ignorant il se laisse embarquer en s'imaginant que c'est lui-même qui souhaite, qui désire, alors qu'en réalité il fait les affaires d'un autre. Mais les humains ne comprennent pas, ils sont comme les enfants. Quand un enfant veut être libre, c'est pour faire toutes sortes de choses stupides ou dangereuses qui vont ensuite le limiter. Il n'y a que les sages qui savent que pour être libre, il faut se limiter. Les autres, sous prétexte de liberté, ne font en réalité qu'ouvrir les cages des fauves qui déchirent et dévorent tout en eux.

24 mai

*N*otre intelligence est la somme, la synthèse de toute cette multitude de centres et d'organes qui sont en nous, de toutes ces tendances, ces pulsions que nous transportons d'incarnation en incarnation depuis des millions d'années ; c'est un résumé de toutes les facultés et capacités que possèdent les cellules dont notre organisme est constitué. Autant nos cellules sont évoluées, sensibles, harmonieuses, autant notre intelligence est développée, voilà ce qu'il faut comprendre. L'intelligence n'est pas une faculté séparée, distincte, indépendante de l'ensemble de l'être humain, de ses cellules, de ses organes. C'est pourquoi penser juste ne nécessite pas uniquement un effort de l'intellect, c'est en réalité toute une discipline de vie.

25 mai

On peut comparer le travail de l'Initié à celui de la nature. Que fait la nature ? Elle ne cesse de nous parler, de nous adresser des messages : elle ne se sert pas de mots, mais elle nous parle : le soleil, les étoiles, les forêts, les lacs, les océans, les montagnes nous parlent en nous communiquant sans cesse quelque chose de leur vie, de leurs secrets. Ces communications s'enregistrent en nous, mais nous n'en avons pas conscience. Pourtant, c'est grâce à elles que peu à peu notre sensibilité s'enrichit, notre compréhension s'améliore. Nous ne savons pas comment se fait cette compréhension, mais elle se fait. C'est de cette façon aussi qu'un Initié nous parle : grâce à des courants, des rayons qu'il envoie, des particules qu'il projette.

26 *mai*

Si vous vous donnez la peine d'approfondir la phrase de Jésus : *« Mon Père travaille, et moi aussi je travaille avec Lui »*, vous verrez s'ouvrir des horizons illimités. Au lieu de cela, vous laissez Jésus travailler avec son Père, et vous vous occupez de vos poules et de vos cochons. « Mais, direz-vous, il y a une telle distance entre Jésus et nous ! Il est le Christ, il est parfait, alors que nous… c'est de l'orgueil de s'imaginer que l'on peut faire le même travail que lui. » Bon, pensez ce que vous voulez, mais Jésus, lui, pensait autrement ; il disait : *« Soyez parfaits comme votre Père Céleste est parfait. »* Ou encore : *« Celui qui accomplit mes commandements fera les œuvres que je fais, et il en fera même de plus grandes. »* C'est pourquoi, moi je vous dis que les chrétiens sont des paresseux. Ils veulent faire croire que c'est par humilité qu'ils n'entreprennent pas la seule activité digne d'être entreprise par les humains : participer au travail de Dieu. Eh non, pas du tout, ce n'est pas de l'humilité, mais de la paresse !

27 mai

*N*e vous imaginez pas que l'intellect vous suffit pour comprendre. La compréhension, la vraie, ne se fait pas par quelques cellules du cerveau ; elle se fait par tout le corps, même par les pieds, les bras, le ventre, le foie... Tout le corps, toutes les cellules doivent comprendre. La compréhension est une sensation. Vous sentez, et à ce moment-là vous comprenez et vous savez : parce que vous avez goûté. Aucune compréhension intellectuelle ne peut se comparer à la sensation. Quand vous éprouvez de l'amour, quand vous éprouvez de la haine, de la colère, du chagrin, vous savez ce que c'est. Si vous dites : « Je sais ce qu'est l'amour », sans avoir jamais été amoureux, vous vous trompez, vous ne le savez pas. Mais si vous avez senti l'amour, vous le connaissez. Peut-être que vous ne pourrez ni l'expliquer, ni l'exprimer, mais vous le connaissez et vous le connaissez vraiment. Parce que c'est cela, la vraie connaissance : la sensation.

28 mai

*D*ans l'univers on observe partout le même processus naturel : du chaos doit sortir l'ordre, la beauté, la perfection. Or, c'est justement le contraire que l'on voit actuellement se produire dans l'art. On regarde un tableau et on se demande ce qu'il représente : un homme, un animal, un objet ou un paysage… Il n'existe plus aucune différenciation, c'est un retour au chaos. Or, l'intelligence de la nature travaille toujours dans le sens de la différenciation et de l'organisation : une cellule seulement qui se divise, et au bout de quelques mois apparaît un être humain dans toute sa richesse et sa complexité. Est-ce qu'il faut prendre maintenant le chemin inverse et redevenir unicellulaire ? Non, ce serait une régression, mais c'est justement à cette régression que beaucoup d'artistes, qui ne sont ni instruits ni éclairés, veulent nous amener.

29 mai

***L**a conviction est une des plus grandes puissances qui existent. On a vu certains chefs entraîner par leur conviction des foules entières : même si les idées qu'ils défendaient étaient stupides ou criminelles, la force de leur conviction finissait par entraîner les plus réticents... Car la conviction est une puissance : elle produit des ravages et des destructions si elle est orientée vers le mal, mais elle peut aussi transformer le monde quand elle émane d'une idée divine et qu'elle travaille pour le bien.

La conviction du disciple est basée sur une connaissance des lois divines et sur les expériences déjà vécues dans des incarnations passées ou dans l'incarnation actuelle. Quand un disciple est parvenu à posséder cette connaissance et qu'il fait des expériences, il possède une conviction inébranlable qui le rend tout-puissant. Si, au contraire, le disciple ne possède pas cette conviction, c'est que son savoir n'est pas complet.

30 mai

*S*i vous parvenez à contrôler de plus en plus vos gestes, vos sentiments, vos pensées, c'est votre destinée que vous parviendrez à changer, car notre destinée dépend justement du contrôle que nous sommes capables d'exercer sur tout ce que nous faisons. Et justement, qu'est-ce qu'un Maître ? C'est un être qui est parvenu à tout contrôler en lui dans les différents plans*, physique, astral, mental. Alors, à ce moment-là, les forces de la nature lui obéissent, les esprits lui obéissent, et même les animaux, les plantes et les pierres lui obéissent. C'est cela la vraie maîtrise, la vraie royauté.

* Voir note et schéma, p. 394 et p. 395.

31 mai

*L*e disciple qui travaille à attirer le feu céleste sait que ce feu ne viendra que dans un lieu préparé pour lui. Ce lieu qui est évidemment en lui-même, le disciple travaille inlassablement à le purifier, à le sanctifier. Par la méditation, la prière, par la pratique quotidienne des vertus, il édifie une demeure dans une matière pure et lumineuse où le feu reconnaît sa propre quintessence, et c'est pourquoi il est attiré. Dans la tradition chrétienne, ce feu céleste est appelé le Saint-Esprit, et la fête de la Pentecôte célèbre la descente du Saint-Esprit sur les disciples de Jésus sous la forme de flammes, de langues de feu. Et c'est alors qu'ils ont reçu le don de guérir, de prophétiser, de parler en langues… car évidemment le Saint-Esprit n'arrive pas seul, il vient accompagné d'anges, d'archanges, de toute une hiérarchie céleste, ainsi que de nombreux serviteurs de la nature qui s'installent en l'homme sous forme de dons, de facultés, de vertus.

1er juin

Notre idéal, c'est de nous développer harmonieusement pour devenir un exemple dans tous les domaines. Notre idéal, c'est de marcher tous ensemble liés par cet amour fraternel que Dieu a voulu entre tous les humains. Notre idéal, c'est de vivre en harmonie dans la vie collective, car dans cette vie se trouvent toutes les bénédictions.

L'époque où il était préconisé de vivre en solitaire pour évoluer, est désormais révolue. Actuellement c'est l'ère de la fraternité, on ne doit pas se séparer des autres, on doit marcher ensemble côte à côte pour former sur la terre une fraternité universelle au sein de laquelle tous les êtres formeront une vaste famille. Il n'y aura plus de frontières et au lieu de faire tant de dépenses inutiles pour se protéger les uns des autres, les peuples vivront dans l'abondance et dans la paix.

2 juin

*S*i on laisse en hiver une porte ouverte, la chaleur s'échappe et toute la maison est refroidie ; et si en été on laisse les portes et les fenêtres fermées, on étouffe… Ça, tout le monde le sait. Mais très peu ont pris conscience qu'intérieurement aussi ils ont des portes et des fenêtres et qu'ils doivent savoir quand les ouvrir et quand les fermer. Comment conserver la chaleur, la joie, la lumière ? Comment préserver les richesses spirituelles ou en acquérir de nouvelles ? En laissant fermées les portes qui communiquent avec le monde d'en bas, celles par lesquelles se glissent les esprits ténébreux, et en ouvrant les portes qui communiquent avec le monde d'en haut.

La Kabbale parle de 50 portes que le disciple doit ouvrir : les portes de Binah*, les portes de l'Intelligence. Mais tant que les Vingt-quatre Vieillards voient que vous ne savez pas quand ouvrir ou fermer les portes astrales (ni même souvent les portes physiques !) ils décrètent qu'il n'est pas encore temps d'ouvrir pour vous les portes de l'Intelligence.

* Voir planche et note pp. 396-399.

3 juin

*L*a véritable morale, la véritable religion est contenue dans ce précepte de Jésus : « *Soyez parfaits comme votre Père céleste est parfait.* » Mais la distance de l'homme à Dieu est telle qu'on se demande pourquoi Jésus nous a donné cet idéal qui dépasse notre imagination : être parfait comme Dieu Lui-même ! Eh bien, justement, il savait ce qu'il faisait… Parce que dans le plan matériel, il est bon de se contenter de petites choses, d'être reconnaissant et de remercier pour chacune d'elles. Mais dans le plan spirituel, il faut ne jamais être satisfait, il faut être ambitieux, insatiable, tendre vers l'idéal le plus élevé, le plus inaccessible : la perfection. Les biens célestes, il faut tous les demander. Oui, là, demandez cent pour cent… pour obtenir au moins un pour cent ! Et ce que vous devez demander, c'est la lumière, que tout devienne lumière dans vos pensées, vos sentiments, vos actes, votre corps physique. La lumière : ce mot résume, condense tous les biens que l'on peut imaginer, tout ce qui est le plus pur, le plus puissant, le plus beau, le plus sublime… Dieu Lui-même.

4 juin

*L*es Anciens, pour qui le centre de l'univers était la terre et non le soleil, n'étaient pas absolument dans l'erreur : pour les humains c'est la terre, leur planète, qui est la plus importante, c'est elle qui est réellement leur univers, et son centre est le centre de cet univers. D'un certain point de vue, on peut dire que le système géocentrique de Ptolémée est aussi véridique que le système héliocentrique de Copernic ! Car les humains ne reçoivent pas directement l'énergie solaire, c'est la terre qui la reçoit et la leur transmet. Et d'ailleurs, c'est d'après le rythme de la terre qu'ils croissent et évoluent. Ils ne peuvent évoluer plus vite que leur planète : la destinée collective de l'humanité est soumise à l'évolution de la terre. Seuls, certains êtres particulièrement avancés peuvent se détacher de l'ensemble et évoluer plus rapidement.

5 juin

C'est par les épreuves que nous nous affermissons. Il ne suffit pas de vivre des moments de ravissement dans la prière, la contemplation, l'union avec le monde de la lumière, il faut que ces états de conscience subsistent, et pour cela ils ont besoin d'être mis à l'épreuve de la vie. Vous avez en français l'expression : « tremper un caractère » ; eh bien, ce qui trempe un caractère, justement, ce sont les obstacles, les difficultés. C'est pourquoi ne vous trompez pas : ce n'est pas parce que vous aurez goûté des moments sublimes de communion avec le Ciel où vous aurez eu l'impression de tout comprendre, de tout dominer, que vous serez ensuite à l'abri des tribulations. Non, vous ne serez pas épargné, au contraire, car c'est grâce à ces tribulations que les nouvelles formes créées en vous vont se solidifier.

6 juin

Il y avait une fois dans un couvent un pauvre moine qui était tellement limité intellectuellement qu'on n'avait pu lui confier que les tâches matérielles les plus grossières : balayer, laver la vaisselle, ramasser les ordures… Mais dans sa tête il était entré une vérité, une seule, qu'il n'oubliait jamais. Quand il faisait la vaisselle, il disait : « Seigneur, comme je lave cette assiette, veuillez laver mon cœur. » Et quand il balayait : « Seigneur, comme je balaie cette cellule… » Cela dura des années, et un jour, à cause de cette pureté sur laquelle il n'avait cessé de travailler, il devint clairvoyant et tellement sage que des cardinaux venaient le voir de loin pour le consulter. Eh oui, une vérité seulement… Et vous qui connaissez tellement de vérités, qu'attendez-vous pour en faire quelque chose ? Ne les laissez pas dans le domaine de la théorie. Choisissez quelques vérités et travaillez dessus jour et nuit, vous verrez les résultats.

7 juin

L*e* vrai bonheur se trouve dans l'activité, mais évidemment une activité supérieure à celle qui permet de gagner un peu d'argent pour subvenir à ses besoins ou à ceux de sa famille. Ce travail matériel est nécessaire, mais insuffisant, il ne peut combler personne. Pour être heureux l'homme doit apprendre à faire un travail avec la pensée, le sentiment, l'imagination, la volonté, car c'est dans un tel travail qu'il trouvera la plénitude, et quoi qu'il arrive dans le monde, il aura toujours son travail. Son activité extérieure peut lui être enlevée à cause des événements, mais partout il peut faire ce travail intérieur, même dans les conditions les plus difficiles, même dans l'autre monde… Car personne ne peut lui prendre son intelligence, son cœur, sa volonté, ce sont les seules véritables richesses sur lesquelles il peut toujours compter.

8 juin

La plupart des gens passent leur temps à envoyer des pensées de colère, de haine et de vengeance qui contribuent à créer des désordres et des catastrophes dans le monde. Le disciple, lui, doit oublier tout ce qui le chagrine, le tourmente ou l'irrite pour penser seulement qu'il est dans la lumière et qu'il propage la lumière. Tous les humains ont les mêmes possibilités de créer par la pensée, seulement certains les utilisent pour le mal et d'autres pour le bien, voilà la différence. Ce n'est pas que certains soient plus doués ou privilégiés, et d'autres déshérités, non, tous ont les mêmes germes, les mêmes matériaux déposés en eux. Alors, au lieu de vous laisser aller à des créations négatives, vingt fois, trente fois, cinquante fois par jour, pensez à mettre de l'ordre dans vos pensées et vos sentiments, afin de créer tout ce qui est beau, harmonieux et divin.

9 juin

L'argent a un formidable pouvoir sur la nature inférieure de l'homme. Il l'excite : « Mais si, vas-y, tu as les moyens de ruiner celui-ci, d'évincer celui-là… Cette femme est mariée ? Ça ne fait rien, qu'est-ce qui te retient ? Puisqu'elle te plaît, tu peux l'avoir : tu verras, elle ne résistera pas à la voiture et aux diamants que tu vas lui offrir. » Eh oui, l'argent est un très mauvais conseiller de la nature inférieure, on le voit tous les jours. Si vous voulez vraiment connaître une personne, donnez-lui beaucoup d'argent et observez comment elle se conduit. Si elle ne se jette pas immédiatement dans les plaisirs, si elle ne se montre pas vaniteuse, exigeante, dure, arrogante, etc., voilà une personne magnifique sur qui vous pouvez compter, car elle a réussi à vaincre les tentations que l'argent peut donner.

10 juin

On entend souvent des personnes raconter que c'est grâce à un accident, une grave maladie ou un grand malheur qu'elles sont arrivées à trouver leur véritable vocation, ou même leur salut. Pourtant, elles avaient commencé par croire que tout était perdu et elles s'étaient désespérées, révoltées. Bien sûr, certaines épreuves sont terribles et on ne peut pas ne pas souffrir. Mais pourquoi ne pas penser tout de suite qu'un jour, plus tard, on trouvera au bout de ces épreuves le bonheur qui nous attend ? Pourquoi perdre tellement de temps dans le désespoir et la révolte ?

11 juin

*V*ous devez vous émerveiller et remercier chaque jour de ce qu'il existe sur la terre des millions de jolies femmes que vous n'avez pas encore eu le bonheur de connaître et de contempler, et des millions d'hommes intelligents et forts que vous n'avez pas encore eu l'occasion de rencontrer. Vous devez penser à tous ces êtres et vous réjouir… vous réjouir rien qu'à la pensée qu'ils existent et qu'un jour vous pourrez les voir, leur parler, les admirer. Oui, apprenez à vous réjouir de ce que les hommes et les femmes existent et pas seulement de ce que vous les possédez. La plupart d'entre vous diront qu'ils préfèrent posséder une femme ou un homme. C'est entendu, mais aucune femme ne peut réunir toutes les qualités de toutes les femmes, et aucun homme, non plus, ne possède toutes les qualités de tous les hommes. Il n'y a que si vous pensez à tous les hommes et à toutes les femmes sur la terre que vous trouverez la plénitude que vous cherchez.

12 juin

L'être humain a besoin d'espace, d'infini, d'éternité, de cette nourriture de l'âme et de l'esprit que la philosophie matérialiste n'a jamais prise en considération. C'est pourquoi un jour ou l'autre le matérialisme fera faillite. Oui, certains événements se produiront et ce sera la faillite… On veut faire croire aux humains que leur bonheur dépend du progrès technique, du confort, et on les empêche ainsi de prendre contact avec d'autres régions, d'autres entités qui, seules, pourraient leur apporter la paix, l'amour, la plénitude dont ils ont besoin. Ce monde spirituel, mystique a été tellement rejeté, ridiculisé, bafoué qu'il n'y a presque plus de gens qui se sentent poussés à y chercher les éléments nécessaires à leur survie, et l'humanité est en train de mourir étouffée, intoxiquée, déséquilibrée. Seule une École initiatique nous donne les meilleures conditions pour entrer en communication avec ce monde subtil, respirer, manger, boire et nous sentir comblés. Quand nous méditons, nous ne prenons rien, il n'y a ni nourriture, ni boisson, ni parfum… C'est le vide ; mais voilà que c'est dans ce vide que l'âme s'épanouit.

13 juin

*V*ous devez prendre de plus en plus conscience de la valeur de ces moments où dans le silence, le recueillement, vous recevez une lumière, une grâce du Ciel. Beaucoup de vos souffrances viennent justement de ce que vous ne possédez pas cette conscience. Vous recevez des bénédictions, mais cela ne dure pas, vous avez vite fait de les perdre, tout simplement parce que vous ignorez la valeur de ce que vous avez reçu. Vous vous imaginez que le Ciel doit être toujours là à déverser ses bénédictions, et vous, quand vous n'avez rien de plus intéressant à faire, vous voulez bien vous arrêter quelques minutes pour les recevoir. Non, ce n'est pas ainsi que cela doit se passer. Le Ciel n'est pas à la disposition des gens légers et insouciants. À un moment déterminé, dans certaines conditions, il déverse ses bénédictions, et si vous n'êtes pas assez conscient pour les recevoir, ou si vous ne savez pas les conserver, tant pis pour vous, elles vous quitteront. Donc, faites attention : les jours où vous sentez que vous avez reçu une révélation, une grâce du Ciel, tâchez de la conserver précieusement.

14 juin

*T*ant qu'il se contente de l'image qu'il a de lui pour le moment, l'homme est retenu dans les degrés inférieurs de l'évolution, car cette image médiocre, prosaïque de lui-même l'influence et le limite. II faut qu'il travaille à former de lui-même une image plus belle, plus noble, plus lumineuse : cette image agira aussi sur lui ; elle produira d'autres vibrations, suscitera d'autres élans. Il aura envie de ressembler à cette image, et c'est ainsi qu'il fera des progrès ; sinon il va stagner et ne connaîtra jamais sa propre réalité.

Vous direz : « Mais quelle réalité ? C'est ce que je suis là, maintenant, qui est la réalité ! » Non, cette réalité n'est pas encore réelle. La vraie réalité, c'est votre Moi supérieur ; voilà la seule réalité. Le reste que vous considérez comme une réalité est une illusion, un mensonge. C'est pourquoi le disciple doit chercher son Moi supérieur, son Moi divin, qui est la seule réalité.

15 juin

*L*e Créateur a laissé sa créature libre, et c'est à elle de comprendre la direction qu'elle doit suivre pour s'épanouir véritablement. Vous direz : « Mais pourquoi ? Ce ne serait pas mieux que le Ciel quelquefois s'impose aux humains ? » Non, c'est à eux de comprendre où est leur intérêt, de se rendre compte pourquoi il est préférable de prendre telle direction, ou de faire tel choix plutôt que tel autre. Il faut qu'ils en soient vraiment convaincus. Ce ne serait pas un véritable avantage pour un être humain que d'être poussé malgré lui sur le chemin du bien et de la lumière. C'est pourquoi le Créateur et les esprits célestes le laissent libre, c'est à lui de comprendre et de sentir ce qui est la meilleure voie pour lui.

16 juin

C'est d'après ses désirs, ses aspirations, son idéal, que l'homme se définit. Tous les humains ont la même apparence, mais d'après leurs aspirations ils se rapprochent de la pierre, de la plante, de l'animal, de l'homme ou de la divinité. Certains ont une vie intérieure complètement pétrifiée, d'autres ne font que se laisser vivre comme le végétal, d'autres sont esclaves de leurs instincts, comme les animaux ; d'autres, arrivés au degré supérieur de la pensée, qui est la véritable acquisition de l'homme, consacrent leur temps à l'étude, la recherche, la création artistique. Et enfin certains, très peu nombreux, qui mettent toutes leurs forces et leur activité au service du Ciel pour accomplir ses desseins, s'engagent sur le chemin de la divinisation. Étant donné que c'est la même structure que l'on retrouve partout dans l'univers, il existe une correspondance subtile entre les pensées de l'homme, ses sentiments, ses activités et l'ensemble de la création.

17 juin

*N*e perdez pas de vue cette vérité que la puissance est fondée sur l'unité, sur l'harmonie. Pensez à cette famille universelle que vous devez former malgré vos différences de caractères, de tendances, de degrés d'évolution, de milieux sociaux, de métiers… Laissez ces détails de côté, ça n'a aucune importance, ça ne joue pas un grand rôle dans la vie spirituelle. Renforcez dans vos cœurs la conviction que malgré vos divergences vous appartenez tous à la Fraternité Blanche Universelle, que vous en êtes des membres, et que vous êtes là, ensemble, en train de prier, de méditer, de chanter dans le but d'éveiller les consciences sur toute la terre. À ce moment-là, oui, vous représentez une véritable puissance.

18 juin

Certains se font une drôle d'idée de l'état dans lequel l'homme se trouve en haut, dans le Ciel. Ils croient qu'il y va seulement avec sa tête et rien d'autre, car le foie, l'estomac, les intestins, et surtout le sexe ne sont pas des organes tellement nobles. Eh bien, ils se trompent : l'homme va entier, intact, au Paradis, et si vous saviez dans quelle splendeur, quelle beauté, quelle pureté ! Tel que Dieu l'a créé à l'origine. Il a des poumons, un cerveau, des oreilles, des yeux, mais sous une autre forme, ou plutôt d'une autre quintessence, car il n'y a plus de formes là-haut mais seulement des courants, des lumières, des forces. Tout en lui est organisé et fonctionne comme s'il avait un estomac, des bras et des jambes ; rien ne manque, tout est là, mais sous l'aspect de facultés, de vertus, de qualités. Car les organes de notre corps physique sont en réalité la représentation, le reflet de qualités et de vertus célestes. Et si vous pouviez voir l'être humain avec ces couleurs, ces lumières qui sortent et jaillissent de lui sans arrêt, vous ne vous lasseriez jamais de le contempler.

19 juin

Où cherchez-vous votre avenir ? Votre avenir, c'est le soleil : un jour vous deviendrez comme le soleil, car la terre elle-même deviendra comme son père, le soleil. La terre est un enfant du soleil, elle est sortie de son sein. C'est le soleil qui l'a projetée, mais il continue à la nourrir, à l'éduquer, afin qu'elle apprenne elle-même à donner comme lui. Jusqu'à maintenant, même si elle produit quelque végétation, quelques fruits, la terre est loin de savoir donner avec la générosité du soleil. Alors, elle doit encore continuer à s'instruire, à regarder, à écouter les paroles du soleil qui lui dit : « Il faut apprendre à donner, il faut apprendre à rayonner comme moi. »

Vous direz : « Oui, mais le soleil parle aussi pour nous ? » Bien sûr, la terre et les humains qui ont la même origine, ont la même destinée. Chaque être humain est une petite terre et chacune de ces terres doit aussi devenir un jour comme le soleil.

20 juin

*B*eaucoup croient que c'est l'intellect qui peut les guider, leur ouvrir des horizons et leur donner la clef des grands mystères. Et pourtant, de plus en plus les humains sont obligés de constater que ce n'est pas par leur intellect qu'ils trouveront la paix et le bonheur. Au contraire, la science et la philosophie, au lieu de donner un sens à leur vie, ne font souvent que tarir leur source, couper leurs racines et les plonger dans un affreux désordre intérieur. C'est pourquoi si vous voulez qu'une vie nouvelle s'ouvre maintenant devant vous, cessez de donner la première place à l'intellect, pensez à manifester davantage les qualités du cœur : la bonté, l'indulgence, la générosité, car ce sont ces qualités qui donnent véritablement un sens à la vie.

21 *juin*

*L*es humains gaspillent leur vie dans des occupations grossières et stupides, dans des passions, des éruptions volcaniques, mais ils ne voient pas qu'ils sont en train de perdre quelque chose d'irrécupérable. Ils s'imaginent que la vie est là, éternelle, inépuisable ; ils peuvent faire n'importe quoi, elle sera toujours à leur disposition. Ensuite, bien sûr, ils sont étonnés d'être complètement épuisés. Ils ont tout fait pour en arriver là, mais ils sont étonnés et ils se plaignent. Au moins, qu'ils ne se plaignent pas et qu'ils disent : « Que voulez-vous, j'ai fait des expériences et je vois maintenant où est la vérité. » C'est pourquoi vous au moins, qui recevez la lumière de cet Enseignement, soyez vigilant, ne gaspillez pas votre vie, gardez-la comme il est dit dans le chant du Maître Peter Deunov : *« Sine moi, pazi jivota :* Mon fils, garde ta vie, étincelle enfouie en toi, don précieux… » Si les humains ont besoin d'une science, la seule, la vraie, c'est uniquement de celle-ci : savoir comment conserver leur vie et la dépenser au service du Ciel.

22 *juin*

*L*orsque vous vous trouvez devant un danger, avant d'entreprendre quoi que ce soit, restez un instant immobile… Ne bougez pas, ne parlez pas, serrez votre poing droit en respirant profondément, en vous liant au Ciel et vous arriverez ainsi à dominer vos cellules. Vous pourrez faire ensuite ce qu'il faut pour vous sauver, mais d'abord, ne bougez pas, car si vous vous laissez aller à un mouvement incontrôlé, c'est comme si vous faisiez sauter un barrage : les flots déchaînés vont déferler et vous ne pourrez plus redresser la situation. On a vu ainsi des gens passer par une fenêtre ou se jeter dans le feu.

Devant le danger, il faut rester immobile un instant et se lier à la Providence. C'est alors que vous sentirez naître la paix qui est la condition première pour que s'éveillent les forces qui vous sauveront ; vous les sentirez car elles sont toujours présentes en vous, mais il faut leur donner les conditions de se manifester.

23 juin

Quand il s'agit de vous présenter dans la société, devant les autres, vous êtes impeccable : les gestes, les paroles, les mimiques, les vêtements, c'est parfait. Mais quand vous êtes seul, comme personne ne vous regarde, c'est différent, et vous vous laissez aller à une conduite désordonnée sans penser à tout ce peuple de vos cellules qui vous observe. À ce moment-là ce peuple pense : « Très bien, puisque c'est l'exemple que notre maître nous donne, on va l'imiter, il va voir ce qu'il va voir ! » Et lui aussi crée du désordre en vous, dans votre organisme physique et psychique. Alors qu'au contraire, si vous savez comment vous conduire avec lui, ce peuple est capable de faire des merveilles. Par un travail patient, intelligent, l'homme peut renforcer considérablement certaines entités lumineuses qui sont en lui, leur donner les conditions de manifester leur pouvoir. Lui-même peut-être est faible, mais ces entités sont puissantes, et grâce à elles il peut aller partout éclairer des créatures et préparer la venue du Royaume de Dieu.

24 juin

Dieu répand son amour sur tous les êtres, bons et méchants, mais l'homme peut recevoir ou rejeter cet amour. Dieu nous l'envoie, mais si nous nous fermons et si nous ne L'aimons pas nous aussi, nous ne recevons rien, et tout se passe comme s'Il ne nous aimait pas. En réalité, cela Lui est égal à Dieu que nous L'aimions ou non, ce n'est pas cela qui Le fera changer. Mais si nous ne L'aimons pas, c'est nous-mêmes qui nous mettons dans une mauvaise position : puisque nous sommes entourés de carapaces, Dieu ne peut pas pénétrer en nous.

Le Seigneur a construit l'univers sur des lois absolues. Si nous nourrissons des sentiments de doute, de révolte, nous dégageons des vapeurs si opaques qu'elles empêchent les rayons du soleil divin de nous atteindre, et immédiatement nous sommes plongés dans l'obscurité et le froid.

25 juin

*N*ous devons travailler afin de rendre notre vie plus intense, car c'est cette vie qui produira des phénomènes de la plus haute magie sur les cœurs, sur les âmes, sur les intelligences, sur les entités et les forces de la nature, et même sur les objets physiques. Oui, le moment vient où le monde entier doit comprendre qu'il est stupide de sacrifier toute une éternité de splendeur pour une existence de rien du tout qu'on aura passée à manger, boire, dormir et se débrouiller un peu. Les Initiés, eux, agissent autrement : ils ont l'équilibre, la paix, la joie, la santé, parce qu'ils ont travaillé à purifier leur vie, à la rendre belle et puissante ; ils ont compris que la véritable magie se trouve dans la vie, et nulle part ailleurs. Oui, pouvoir insuffler la vie, il n'y a pas de plus haute magie : animer les êtres, les stimuler, les exalter, les ressusciter, c'est cela la vraie magie, la vraie vie.

26 juin

L'Intelligence cosmique a installé en l'homme des entités qui le surveillent, et lorsque par sa négligence ou sa mauvaise volonté il est en train de démolir quelque chose dans son intellect, son cœur ou son corps physique, ces entités commencent à le piquer, à le mordre, pour lui dire : « Allez, reviens sur le bon chemin. » Ce sont ces rappels à l'ordre que l'homme appelle la souffrance. Mais puisqu'elle lui donne des avertissements, l'homme doit considérer la souffrance comme son amie, elle ne vient que pour lui montrer qu'il est sorti des bonnes conditions où tout était clair et facile. C'est à lui de comprendre son langage et de lui dire : « Que Dieu te bénisse, j'ai compris, je vais réparer mes erreurs. » Au moment où il a compris et décidé de se corriger, la souffrance a l'ordre de le quitter, car elle a fait son travail, elle a rempli sa mission.

27 juin

*U*n homme et une femme se rencontrent, ils se trouvent à peu près à leur goût et ils décident de rester ensemble, en s'imaginant que c'est ainsi qu'ils vont combler le vide qu'ils sentent en eux. En réalité, ils ne savent pas que cette attraction qui les pousse l'un vers l'autre n'est pas un besoin superficiel facile à satisfaire, mais la manifestation d'un phénomène cosmique qui concerne d'abord leur âme et leur esprit. C'est pourquoi cette fusion de l'homme et de la femme doit d'abord se faire en haut, dans le monde divin, dans le monde de la lumière. Ce n'est qu'ensuite qu'elle peut avoir lieu dans le plan physique : alors, oui, ce sera la plénitude et cette plénitude produira des créations d'une beauté inouïe.

28 juin

***P**our vous lier à Dieu le moyen le plus efficace est de vous concentrer sur la lumière. En réalité, Dieu n'est pas la lumière, Il est beaucoup plus que cela, et on ne peut ni Le connaître ni même L'imaginer. Dans la Genèse, il est dit qu'au premier jour Dieu a créé la lumière, et il a fait d'elle la substance de l'univers. La lumière, qui est donc la première émanation divine, contient toutes les qualités, toutes les vertus de Dieu. C'est pourquoi on ne peut connaître Dieu qu'à travers la lumière. Alors, voici l'exercice que vous pouvez faire : chaque jour, plusieurs fois par jour, pensez à vous concentrer sur la lumière, à vous reposer dans la lumière, à vous fondre dans la lumière, à vous imprégner d'elle, à imaginer que l'univers entier baigne dans cette lumière. Vous sentirez peu à peu que tout se rétablit en vous, que cette lumière vous apporte la vraie science, la vraie paix, l'équilibre, la puissance. En dehors de la lumière, jamais vous ne trouverez le sens de la vie.

29 juin

Jésus a dit : *« Entrez par la porte étroite, car large est la porte, spacieux est le chemin qui mènent à la perdition et il y en a beaucoup qui passent par là. »* Cette porte étroite qui permet d'accéder au Royaume de Dieu est celle de l'Initiation. L'Initiation est une ascèse qui apprend à l'homme à se débarrasser de ses faiblesses et de toutes ses tendances inférieures. On peut la comparer à l'orifice par lequel passe le serpent qui doit changer de peau. Le disciple est celui qui se prépare à passer par la porte étroite qui lui enlèvera sa vieille peau, c'est-à-dire ses conceptions erronées, ses tendances pernicieuses. Chacun de vous doit passer par la porte étroite et, au lieu de vous troubler et d'avoir peur, réjouissez-vous de devenir, grâce à cela, un homme nouveau avec des pensées, des sentiments, un comportement nouveaux, dignes d'un véritable fils, d'une véritable fille de Dieu.

On peut dire qu'au cours de son existence l'homme passe par trois portes : celle de la naissance et celle de la mort par lesquelles passent nécessairement tous les hommes, quel que soit leur degré d'évolution. Mais par la troisième porte, celle de l'Initiation, seuls peuvent passer ceux qui sont capables d'un grand travail de purification et de détachement.

30 juin

*L*es cas de suicide sont innombrables, mais ils peuvent être ramenés à trois catégories. Ils ont pour cause ou bien un manque dans l'intelligence, ou bien un manque dans le cœur, ou bien un manque dans la volonté. Si vous avez une bonne compréhension des choses, si vous savez qu'il existe un monde divin peuplé d'une multitude d'êtres splendides, et que c'est ce monde divin qui a imprimé sa marque au monde physique… si vous savez que les sentiments et les désirs sont d'une puissance telle qu'avec de la patience, de la ténacité, vous pouvez arriver à les réaliser… enfin, si vous arrivez à vous maîtriser, à ne plus chercher à satisfaire uniquement vos convoitises, mais à considérer toutes les difficultés comme un moyen d'exercer votre volonté, jamais vous ne déciderez de mettre volontairement un terme à votre vie. Même la misère, même les privations, même les maladies et la solitude n'arriveront pas à vous vaincre, c'est vous qui triompherez.

1er juillet

Certains penseurs, voyant les effets négatifs de l'influence familiale, ont voulu y remédier en mettant en cause l'existence même de la famille : d'après eux, ce n'était plus elle qui devait assurer l'éducation des enfants, mais des institutions contrôlées par l'État. Ce sont là des conceptions déplorables qui donnent des résultats catastrophiques. Les enfants deviennent de petits monstres, étrangers à leurs parents, et dans certaines circonstances ils vont même jusqu'à les dénoncer à la police ; c'est affreux ! Il ne faut pas détruire la famille. Les membres d'une famille ont entre eux des liens sacrés. Il faut protéger la famille, mais simplement en élargir la compréhension. Cet élargissement nécessite tout un travail et c'est à la jeunesse maintenant de l'apporter.

2 *juillet*

L'argent est nécessaire, aucun être raisonnable ne vous dira que vous pouvez vivre sans argent, car vous deviendrez un clochard ou un parasite. Ce n'est pas non plus une solution de supprimer l'argent, comme le suggèrent certains en pensant qu'il est la cause de tous les malheurs de la société. L'argent est un moyen d'échange, et si on le supprimait, on serait obligé de le remplacer par autre chose ; car la vie en société est fondée sur les échanges et on se retrouverait donc placé devant le même problème, et obligé d'avoir une autre monnaie. Si l'argent fait des dégâts, ce n'est pas lui le fautif, mais la personne qui s'en sert et qui, à travers lui, s'efforce de satisfaire ses convoitises : du moment qu'elle a de mauvaises intentions dans la tête, l'argent est là pour l'aider à les réaliser. Mais qu'elle mette d'autres projets dans sa tête, le même argent deviendra dans ses mains une bénédiction.

3 juillet

*N*ous pouvons par la pensée agir sur notre comportement, et inversement, par le comportement nous pouvons agir sur nos pensées. Si nous avons de mauvais instincts qui ont déformé notre démarche, nos gestes, nos expressions, ou si nos activités nous ont contraints à adopter des idées et des sentiments qui ont provoqué des changements en nous, nous avons le même pouvoir de redresser nos mouvements, nos expressions. Supposez que, pendant quinze jours, vous n'ayez pas été baigné dans une atmosphère mystique et que vous n'ayez pas pu méditer, prier, vous recueillir : dans votre isolement vous vous êtes laissé aller à vos penchants ordinaires, et cela se reflète sur tout votre comportement. Vous devez alors retourner la situation en disant : « Par la volonté, en faisant certains gestes, en accomplissant certaines actions, je vais déclencher l'amour qui coulera à nouveau en moi et je retrouverai mon inspiration. » En agissant ainsi, vous sentez peu à peu réapparaître le même sentiment magnifique de jadis, la même plénitude.

4 juillet

*U*n véritable Initié qui cherche l'harmonie, la perfection divine, sait que cette perfection se reflète partout dans la nature, mais il sait aussi qu'elle n'est nulle part mieux représentée que dans un corps humain. Partout ailleurs on la voit éparpillée : les océans, par exemple, représentent une partie de ce corps humain, les rivières une autre, les montagnes, le ciel, encore d'autres. Il n'y a que l'homme et la femme qui puissent exprimer cette beauté en plénitude : Dieu a résumé dans l'homme et la femme toute la création, tout ce qui existe dans le cosmos. Quand ce reflet est parfaitement réalisé dans un corps humain, un Initié s'en émerveille. Il se dit : « Voici une créature qui reflète mieux que les autres toutes les vertus de Dieu. » Mais il ne s'arrête pas à cette créature ; en la contemplant, il cherche à retrouver la splendeur du Créateur.

5 juillet

Pour que votre âme soit visitée par les êtres invisibles qui vous aideront, vous protégeront et vous transformeront, travaillez à créer une atmosphère purifiée de tout élément désharmonieux. C'est au sein de l'amour, de la beauté, de la pureté, de la lumière, que de grands changements peuvent se produire en vous.

Lorsque vous êtes dans une forêt, près d'une source, au bord d'un lac, restez là, immobile, laissez-vous pénétrer par le silence, la fraîcheur, la transparence. Lorsque vous écoutez chanter l'eau et les oiseaux, bruire les feuillages, lorsque vous regardez les étoiles, la nuit, abandonnez-vous à cette paix, à cette harmonie… Et il faut aussi apprendre à sentir les humains comme vous sentez la nature. Quand vous êtes devant un être qui répand des parfums comme un jardin fleuri, de la musique comme une source, tâchez de le sentir, car cet être-là peut vous éclairer, vous guider, vous sauver.

6 juillet

Qu'ils le disent ou non, qu'ils en soient conscients ou non, tous les hommes, toutes les femmes cherchent leur âme sœur. Mais ce que la majorité ne savent pas, c'est que l'âme sœur est une notion de la vie intérieure. Pour trouver son âme sœur dans un homme ou une femme, il faut d'abord l'avoir trouvée intérieurement, par la méditation, la contemplation, sinon toutes les expériences seront plus ou moins vouées à l'échec. Voilà une vérité très importante à connaître. Si l'homme a trouvé en lui le principe féminin et la femme le principe masculin et qu'ils veuillent le servir, travailler pour lui, qu'ils s'aiment, qu'ils se marient, leur amour sera une source de bénédictions ! À travers son bien-aimé, la femme verra le Père céleste, et l'homme à travers sa bien-aimée verra la Mère divine… À ce moment-là, tous les trésors s'ouvriront devant eux et ils vivront jour et nuit dans le ravissement, l'extase et la beauté.

7 juillet

*A*vez-vous quelquefois comparé combien de temps vous passez réellement avec le monde extérieur : quelques minutes, quelques heures… et combien de temps vous êtes avec vous-même : toute la journée, toute l'existence. Cela prouve que votre vie intérieure est plus importante et qu'il faut que l'abondance, la richesse et l'ordre soient d'abord en vous, plutôt qu'à l'extérieur. Or, on voit le monde extérieur se remplir d'objets, de produits, d'appareils, de constructions, d'armes de toutes sortes, tandis que les humains intérieurement vivent de plus en plus dans le désordre, la faiblesse, la misère, le vide. Il est temps qu'ils pensent à réaliser intérieurement tout ce qu'ils s'occupent à réaliser extérieurement. C'est en nous que nous devons avoir la richesse, la beauté, la force ; car ce que nous aurons ainsi obtenu, personne ni rien ne nous l'enlèvera.

8 juillet

*L*e soleil envoie partout dans l'espace des particules lumineuses d'une très grande pureté. Et si vous savez comment vous concentrer, vous arriverez à rejeter de votre organisme beaucoup de vieilles particules usées, ternes, pour les remplacer par ces nouvelles particules qui viennent du soleil. Voilà un exercice extrêmement utile que vous pouvez faire le matin au lever du soleil. De tout votre cœur, de toute votre âme, essayez de prendre ces particules divines et de les placer en vous ; ainsi, peu à peu, vous renouvellerez la matière de votre être, vous penserez et vous agirez comme un fils ou une fille de Dieu, grâce au soleil.

9 juillet

*U*n homme a beaucoup de poules dans son poulailler, il est très généreux, très gentil pour elles : chaque jour il les soigne, il leur lance du grain. Et pourtant, l'une après l'autre les poules disparaissent. Pourquoi ? Que se passe-t-il ? Eh bien, c'est l'homme qui vient les chercher, il leur coupe la tête, puis sa femme les met à la casserole. C'est ainsi qu'après les avoir soignées, ils les mangent en disant : « Hm ! que ce poulet est succulent, tout à fait à point ! » Voilà ce que la plupart des humains appellent aimer, ils ressentent l'amour comme un appétit qu'il faut assouvir. C'est une tendance ancienne qui leur vient du règne animal et sur laquelle ils doivent travailler.

Dans la nouvelle vie, on apprendra que la première règle à observer quand on aime quelqu'un, c'est de penser à lui, et non à soi. L'amour, c'est d'abord de vouloir découvrir de quoi a besoin l'âme de l'être que l'on aime, comment on peut l'aider dans son évolution, comment on peut lui donner de bonnes conditions pour croître, se développer, se libérer.

10 juillet

*V*ous devez savoir que chaque geste est magique. Par conséquent, lorsque vous rencontrez quelqu'un le matin, ne lui dites pas bonjour avec un récipient vide, parce que, sans le vouloir, sans le savoir, vous êtes en train de lui souhaiter le vide, la pauvreté, l'échec pour toute la journée. Vous direz que cela n'a aucune importance, que dans le monde les gens ne font pas attention à ça… Si les gens sont inconscients, ce n'est pas une raison pour les imiter. Qu'ils agissent comme ils veulent, mais nous, ici, qui apprenons les lois de la nouvelle vie, nous devons nous entraîner à être conscients en toute chose. Donc, quand vous rencontrez vos amis, le matin, non seulement ne le faites pas avec des récipients vides, mais mettez aussi beaucoup d'amour dans votre cœur, et souhaitez-leur une bonne journée. Si vous savez travailler avec les forces positives de la nature, tout le monde vous estimera et vous aimera.

11 juillet

***P**our beaucoup de gens, les états mystiques de ravissement, d'illumination, sont des états anormaux, dangereux même. D'après eux, il faut faire seulement confiance à l'intellect, car là au moins c'est sensé, on a la tête sur les épaules. Mais quand il s'agit de se laisser aller aux plaisirs, aux instincts, aux passions, ah, c'est différent. Au lieu de faire marcher leur intellect et de voir qu'ils vont introduire en eux toutes sortes d'éléments nocifs qui les ravageront, ces gens tellement posés et raisonnables s'en donnent à cœur joie. Dans ce cas-là, ils pensent qu'il est non seulement permis, mais préconisé de ne pas faire intervenir la raison, pour mieux se laisser aller aux attirances et aux sensations. Et c'est cela qu'ils appellent « vivre ». Eh bien, ils se trompent : c'est là au contraire qu'il serait souhaitable de garder la tête froide, de refuser ces plaisirs et d'essayer au contraire de vivre des états divins.

12 juillet

Quels sont les gens que vous avez tendance à remarquer et à apprécier ? Ceux qui sont riches, savants, glorieux, ceux qui ont remporté des succès, qui ont une place en vue dans la société. Et quand vous rencontrez des êtres qui manifestent de grandes qualités morales : la patience, la bonté, l'indulgence, la pureté, la générosité, vous ne les appréciez pas, et d'ailleurs vous ne les remarquez même pas. Combien cette attitude est erronée ! Car c'est grâce à ces êtres qui n'attirent ni l'attention ni les regards que l'existence est encore possible sur la terre. Pendant que les autres se démènent pour se faire remarquer et occuper les premières places, eux, dans l'ombre, modestement, poursuivent leur activité bénéfique. La lumière, la paix, l'harmonie qui émanent d'eux purifient l'atmosphère et rendent l'air plus respirable pour tous. Je ne vous dis pas cela pour que vous vous détourniez de tous les gens brillants et talentueux, non, car parmi eux aussi, heureusement, certains possèdent de grandes qualités morales. Je veux seulement attirer votre attention sur la présence d'êtres simples, bons et purs, que vous n'aviez pas jusque-là l'habitude de remarquer.

13 juillet

C'est bien d'aimer se promener près des cascades et des rivières, de boire l'eau des sources, de se baigner dans les lacs et les mers, mais ce n'est pas vraiment un travail, et il n'en résultera pas le moindre changement en vous tant que vous ne saurez pas comment entrer en contact réellement avec l'eau, lui parler et vous lier à elle.

Pour entrer en contact avec l'eau, la première condition est de l'approcher avec respect, en sachant qu'en elle vivent des entités belles et pures qui ne seront bien disposées envers vous que si vous avez pour elles considération et amour. Par exemple, si vous voulez vous baigner, surtout dans un lac, soyez attentif, ne le faites pas dans n'importe quelle disposition d'esprit. Demandez l'autorisation des entités de l'eau ; car en vous baignant, c'est comme si vous vous débarrassiez de vos impuretés dans leur demeure, et vous devez être conscient que vous pouvez les indisposer. Soyez donc très vigilant.

14 juillet

Les dirigeants d'un pays sont continuellement exposés aux critiques et à l'hostilité des citoyens. Et partout pour amuser le public, dans les cabarets, les music-halls, à la radio, à la télévision, on présente les dirigeants de façon ridicule et grotesque. Eh bien, ce n'est pas de cette façon qu'on va les pousser à s'améliorer. Au contraire, en les harcelant de pensées négatives, on crée les conditions pour qu'ils commettent des erreurs et prennent de mauvaises décisions pour le pays. Oui, vous voyez, ça va très loin, cette affaire-là. Alors, si vous voulez vraiment aider votre pays, au lieu de pester continuellement contre celui qui est à la tête, envoyez-lui de la lumière afin qu'il soit toujours bien inspiré. Vous ne pouvez pas aider tout votre pays, car il est immense, mais il suffit d'aider un homme, un seulement, c'est plus facile, et c'est lui qui fera du bien à tous, parce que beaucoup de choses dépendent de lui. S'il réussit à faire voter des lois justes en faveur de la santé publique, du logement, de l'instruction, du travail, tous bénéficieront du fait qu'un seul était bien inspiré.

15 juillet

Si vous n'avez pas d'autre désir que de mener une vie ordinaire, prosaïque, insignifiante, vous pouvez vous laisser aller, il est inutile d'être vigilant et de faire des efforts pour vous dominer, maîtriser vos instincts. Cette maîtrise sera même préjudiciable à votre santé physique et psychique : vous deviendrez insupportable pour votre famille et tout votre entourage ; vous vous sentirez frustré, alors vous allez vous aigrir, devenir dur, intolérant. Pour que votre vigilance, votre maîtrise aient leur raison d'être, il faut que vous ayez un très haut idéal, que vous désiriez faire de votre vie quelque chose de grand, de beau, de noble, que vous ayez besoin de lui ajouter un autre élément, un élément de spiritualité, de lumière. Sinon vos efforts ne rimeront à rien.

16 juillet

*L*es parents s'occupent de leurs enfants, c'est bien, il faut qu'ils s'occupent d'eux. Mais est-ce qu'ils ont su d'abord travailler sur eux-mêmes ? Non, souvent ils ont vécu n'importe comment, ils ont laissé le désordre s'installer en eux, et maintenant ils donnent à leurs enfants l'exemple d'un comportement déplorable qui influencera très négativement leur psychisme, et même leur santé. Il faut s'occuper de soi-même avant d'éduquer les autres ou de vouloir les influencer, sinon c'est exactement comme si vous vouliez enlever une petite tache sur le visage de quelqu'un avec des mains noires de charbon : vous ne feriez que le salir davantage.

17 juillet

*R*ien de ce que l'homme crée intérieurement ne reste sans effet, et d'abord pour lui-même. Si par vos pensées, vos sentiments, vos désirs, vous essayez de créer le paradis en vous, c'est vous d'abord qui allez y vivre. Quelle que soit la situation autour de vous, vous serez au paradis. Et puis, peu à peu, vos parents, vos amis, tous les gens qui s'approcheront de vous commenceront à sentir qu'il y a là des sources qui jaillissent, des oiseaux qui chantent, des fleurs qui embaument, et ils se diront les uns aux autres : « Vous connaissez ce jardin ? Quelle paix, quelle pureté, quelle bénédiction ! » et vous serez entouré de leur joie et de leur reconnaissance.

18 juillet

*L*e plus grand danger pour les humains, c'est de chercher la plupart de leurs satisfactions dans le plan physique, car cette recherche les rend égoïstes, injustes, malhonnêtes et même criminels. Pour obtenir une augmentation de salaire, un poste élevé, une part de marché plus importante ou une invitation mondaine, ils se lancent dans des intrigues et acceptent toutes sortes de compromissions. En admettant même qu'ils arrivent à leurs fins, qu'est-ce que ces succès peuvent vraiment leur apporter de plus ? Et combien d'entre eux, une fois qu'ils ont obtenu ce qu'ils désiraient, se sentent encore plus insatisfaits ! Alors, ils ont fait du tort à d'autres, et eux-mêmes ne sont pas plus heureux. Tout cela n'est vraiment pas très avantageux.

Celui qui cherche le bonheur dans la matière est semblable au chercheur d'or qui remue des tonnes de sable pour trouver à peine une paillette d'or. Cela non plus n'est pas avantageux. Pour trouver de l'or en quantité, il faut laisser un peu de côté la matière et monter très haut dans le soleil, dans l'esprit.

19 juillet

*T*âchez de trouver la bonne attitude à avoir envers le Seigneur, de penser à Lui avec respect, émerveillement et amour, car à ce moment-là vous vibrez à l'unisson avec Lui, et tout ce qu'Il possède commence à venir vers vous : vous sentez que vous vous illuminez de sa lumière, que vous aimez de son amour, que vous êtes libre de sa liberté, que vous vous réjouissez de sa joie. Quand vous aimez profondément un être, vous communiez dans les mêmes sensations : parce que vous vibrez à la même longueur d'onde. C'est une loi de la physique. Mais les humains ne pensent jamais à appliquer dans le domaine spirituel les lois qu'ils ont découvertes dans le monde physique.

Le Créateur, Lui, bien sûr, n'a pas besoin de votre amour ou de votre vénération, il ne Lui manque rien, il nage dans la plénitude ; mais c'est vous qui avez besoin de L'aimer, parce que grâce à cet amour, vous vous élevez jusqu'aux mondes de la beauté, de la lumière, de la liberté qui sont les siens.

20 juillet

*O*n ne peut pas obliger les gens à se transformer. S'ils n'en éprouvent pas eux-mêmes le besoin, s'ils n'ont pas compris l'importance d'une philosophie et d'une discipline spirituelles, on ne peut pas les forcer, il faut les laisser. Leur attitude prouve seulement qu'ils sont très jeunes encore et qu'ils ont besoin d'expériences, de leçons. Ils souffriront, bien sûr, et c'est cette souffrance qui les obligera un jour à changer de vie. Quant à ceux qui ne sont pas satisfaits de leur vie prosaïque, terne et limitée, c'est tout un champ d'activités extraordinaires qui s'ouvre devant eux. Ces activités sont représentées symboliquement par ce que la mythologie a appelé « les douze travaux d'Hercule ». Les douze travaux d'Hercule sont liés au zodiaque, ils représentent douze activités pour l'homme qui lui permettront d'ouvrir les douze portes et de devenir la Jérusalem nouvelle, la ville de lumière où il n'y aura plus ni ténèbres, ni maladie, ni mort.

21 juillet

*T*out ce qui existe en dehors de nous existe également en nous. Tout ce qui existe sur la terre et sous la terre, tout ce qui existe dans les rivières, les lacs, les mers, les océans, tout ce qui existe dans le ciel, les étoiles, les nébuleuses, existe aussi en nous. C'est ce qui explique que, depuis l'origine, l'homme soit toujours poussé à étudier et à comprendre le monde qui l'entoure : c'est lui-même qu'il veut ainsi étudier et comprendre.

Malheureusement, tant qu'il ne connaît pas les causes profondes de cette tendance, l'homme se contentera de regarder à l'extérieur de lui, de noter, d'enregistrer, sans jamais comprendre l'essentiel. Toutes les investigations entreprises par les scientifiques pour saisir toujours mieux les richesses prodigieuses de la nature, c'est magnifique. Mais les Initiés sont allés beaucoup plus loin, en poussant ces investigations en eux-mêmes, étendant à l'infini les limites de leur conscience.

22 juillet

*L*e disciple doit avoir pour idéal de se rapprocher de plus en plus du Verbe de Dieu. La première règle pour y parvenir, c'est de décider de ne plus médire, de ne plus calomnier, mais de maîtriser sa langue en se disant : « Si je me laisse aller, je ne posséderai jamais la véritable puissance du Verbe. Alors, il faut que je fasse attention. » Pendant une journée, qu'est-ce qu'on ne dit pas ! On lance des paroles, comme ça, à la légère, en pensant que si on s'est trompé ou si on est allé trop loin, il suffira de quelques mots pour réparer. Non, on ne connaît pas l'itinéraire d'une parole, les régions qu'elle traverse, les dégâts qu'elle y fait. Et même si on essaie de réparer ces dégâts, c'est très difficile, car entre-temps, d'autres couches se sont déposées, et il est difficile de les traverser pour toucher l'endroit où le mal a été fait. Qu'on ne s'imagine pas qu'il suffit de réparer le tort causé par des paroles en s'excusant ou en payant des « dommages et intérêts ». Devant les humains, peut-être, c'est réparé ; mais devant les lois astrales, devant les lois cosmiques, ce n'est pas réparé.

23 juillet

***L**es Initiés cherchent la solution au problème de l'amour en déchiffrant le grand Livre de la Nature, car Dieu depuis le commencement y a déjà inscrit toutes les solutions. Les abeilles et les papillons, par exemple, nous enseignent comment aimer. La plupart des humains comprennent l'amour à la manière des chenilles qui mangent les feuilles des plantes. Mais la chenille devient un jour un papillon qui ne mange plus les feuilles, mais visite les fleurs sans les abîmer pour se nourrir de leur nectar. L'abeille aussi se nourrit du nectar des fleurs, puis elle se met au travail pour faire le miel qui est la meilleure des nourritures. Comme le papillon, l'Initié aime toutes les fleurs, c'est-à-dire toutes les créatures humaines, et son amour ne les abîme pas, car il ne prend d'elles qu'un tout petit atome et, comme l'abeille, dans ses laboratoires il fabrique le miel qui servira de nourriture au monde entier. Vous voyez, toutes les solutions sont dans la nature : c'est là qu'il faut aller les chercher.

24 juillet

*L*a meilleure façon de se reposer, ce n'est pas de ne rien faire, c'est de changer d'activité. Dans un enseignement spirituel, justement, le travail est très différent de tout ce que vous avez l'habitude de faire. Il ne s'agit pas de travailler pour gagner sa vie, mais pour développer cette part divine de vous-même qui est brimée, étouffée dans la vie ordinaire par toutes sortes d'occupations et de soucis.

Si vous fréquentez une communauté spirituelle en gardant le même état d'esprit que dans le monde, c'est inutile, vous allez souffrir, vous vous sentirez harcelé, nerveux, et vous ne trouverez rien de ce dont vous avez besoin. Une pareille communauté n'est profitable que pour ceux qui veulent introduire l'ordre et l'harmonie en eux-mêmes, permettre à leur nature divine de s'épanouir et d'entreprendre un travail gigantesque pour le bien du monde entier. Donc, je vous le dis pour vous, pour votre bien : décidez-vous à utiliser le mieux possible les moments que vous passez à la Fraternité pour vous épanouir dans l'harmonie, l'amour et la lumière.

25 juillet

*L*es gens sont vraiment bizarres : quand quelqu'un de désagréable les fait souffrir, ils se plaignent : « Comme il a mauvais caractère ! » « Quel caractère épouvantable ! » ou bien ils disent : « C'est un faible, il n'a pas de caractère ! » Là, tout à coup, ils oublient que ce quelqu'un est docteur de quatre ou cinq universités, qu'il a écrit une trentaine de livres, etc., ils s'arrêtent sur son caractère. Il faut qu'ils soient eux-mêmes piqués, mordus, malmenés ou déçus pour comprendre combien cette question du caractère est importante. Jusque-là, ils mettaient au-dessus de tout les facultés intellectuelles. Eh bien, il est temps pour chacun d'entre vous de redonner la première place au caractère, c'est-à-dire de travailler chaque jour sans relâche afin d'éveiller les forces et les qualités que le Créateur a déposées dans votre cœur, votre âme et votre esprit.

26 juillet

Il ne vous plaît pas tellement d'entendre parler de maîtrise, quand tout le monde autour de vous revendique la liberté sexuelle, et justifie ces revendications par des arguments apparemment très valables. Que vous n'ayez pas envie d'être privé de plaisirs, c'est entendu, mais essayez au moins de voir quels avantages on trouve à renoncer à certains d'entre eux. Il ne s'agit pas de se priver pour ne plus rien avoir et se retrouver dans le vide ; il s'agit de comprendre qu'il est préférable de remplacer certains plaisirs matériels, grossiers, par d'autres plus subtils, plus spirituels. Lorsqu'un médecin constate qu'un homme est en train de compromettre sa santé par des excès de charcuterie, de sucreries, d'alcool, il ne lui conseille pas de ne plus rien manger. Il sait bien que l'autre de toute façon ne suivrait pas ce conseil, ou même pire, s'il le suivait, il mourrait ! Il lui prescrit donc de remplacer ces nourritures par d'autres plus saines, plus légères. Eh bien, voilà ce que je vous conseille moi aussi, mais dans un autre domaine. Je ne vous pousse pas à mourir de faim, mais à vous nourrir différemment.

27 juillet

Celui qui a besoin de secousses, de catastrophes et d'incendies pour se sentir vivre, montre qu'il n'est encore qu'un être primitif et barbare. D'ailleurs, on l'a vu tout au long de l'histoire : tous ceux qui ont incendié des villes et des campagnes, tous ceux qui ont allumé des bûchers et des fours crématoires étaient des barbares. Le besoin de brûler des objets ou des êtres est un reste de sauvagerie primitive. Et il en est de même dans le domaine des sentiments : celui qui ne cesse d'allumer le feu de la passion chez lui et chez les autres fait acte de barbarie. C'est le propre des êtres qui n'ont pas encore appris la manière correcte de se chauffer et de chauffer les autres, c'est-à-dire qui n'ont pas appris la manière correcte d'aimer !

28 juillet

*U*ne relation amoureuse n'a de sens que si vous pouvez construire avec votre partenaire quelque chose de solide et de durable. Cherchez à voir s'il existe entre vous une harmonie dans les trois plans : physique, affectif, mental, ou bien si vous cédez seulement à un caprice passager, à l'attrait du plaisir. Si vous n'avez pas d'affinités dans le domaine des émotions, des goûts et des idées, ne vous dites pas que cela n'a aucune importance et que les choses à la longue s'arrangeront. Pas du tout, au contraire ; au bout de quelque temps, une fois qu'on a épuisé la nouveauté de certains plaisirs, on s'aperçoit justement que les affinités psychiques, intellectuelles, sont extrêmement importantes, et si ces affinités n'existent pas, voilà la discorde qui s'installe.

29 juillet

Combien encore parmi vous se sentent faibles, abandonnés, et se plaignent. Pourtant, depuis des années, vous ne pouvez pas dire que vous n'avez pas reçu des explications, des conseils, des méthodes. Au contraire, vous n'avez trouvé que cela dans mes conférences, dans mes livres, mais vous manquez de confiance en ce que vous possédez et au lieu de faire des exercices, de travailler pour faire jaillir l'étincelle, vous restez dans le froid et l'obscurité. Vous avez le silex, mais vous ne frappez pas. Alors, décidez-vous enfin, frappez la pierre une fois, deux fois, trois fois, cent fois, et le feu finira par jaillir. Même si vous possédez toutes les connaissances, elles ne vous serviront à rien tant que vous ne vous exercerez pas à les mettre en pratique. Il est indispensable qu'avec la volonté (le fer) vous travailliez sur les connaissances (le silex). Quand vous aurez appris à allumer le feu en vous, vous n'aurez plus à affronter les ténèbres et le froid, vous ne vous sentirez plus seul ni privé d'amour. Grâce à l'ardeur dont vous serez embrasé, vous aurez la sensation de pouvoir allumer le monde entier jusqu'aux étoiles.

30 juillet

Il existe une loi d'après laquelle plus vous avez peur de quelque chose, plus vous l'attirez. Donc, si vous ne voulez pas qu'un malheur s'abatte sur vous, ne le craignez pas ! Une fois que vous êtes fort, tous vous laissent tranquille. Mais combien connaissent cette vérité ? La plupart sont à la merci de leurs craintes sans savoir qu'elles sont le résultat d'un manque de connaissance, d'un manque de lumière. La preuve : quand vous êtes dans un endroit obscur, vous ne vous sentez pas tranquille jusqu'au moment où vous pouvez allumer la lumière. Alors, quelles conclusions fantastiques vous pouvez tirer de ce phénomène pour le domaine spirituel ! L'obscurité, c'est-à-dire l'ignorance, vous fait courir tous les dangers, et c'est pourquoi vous avez peur. Mais projetez la lumière, c'est-à-dire armez-vous des vérités nécessaires pour affronter la situation, et votre peur disparaîtra.

31 juillet

***L**e silence est le langage de la perfection, alors que le bruit est l'expression d'une défectuosité, d'une anomalie, ou alors d'une vie qui est encore désordonnée, anarchique, et qui a besoin d'être maîtrisée, élaborée. Les enfants par exemple sont bruyants parce qu'ils débordent d'énergie et de vitalité. Au contraire, les gens âgés sont silencieux. Vous direz : « Bien sûr, c'est clair, les gens âgés aiment le silence parce qu'ils ont moins de forces, alors le bruit les fatigue. » C'est un peu vrai, mais il se peut aussi qu'il y ait eu une évolution en eux, et c'est leur esprit maintenant qui les pousse à entrer dans le silence. Pour réviser leur vie, réfléchir, tirer des leçons, ils ont besoin de ce silence où se fait tout un travail de détachement, de simplification, de synthèse. La recherche du silence est un processus intérieur qui conduit les êtres vers la lumière et la véritable compréhension des choses.

1er août

*D*ans la nature, le cœur est représenté par les océans. La nature offre son cœur, elle l'expose au soleil et dit : « Mon Seigneur, je te donne mon cœur, mon sang. Sers-toi de lui afin que les plantes, les animaux et les hommes puissent vivre dans l'abondance. » Le soleil prend une partie de ce sang, l'élève, le remplit de dons spirituels, et quand il retourne vers la terre, tous les êtres en bénéficient et se réjouissent.

L'Initié répète en lui-même ce don de l'océan au soleil, il ouvre son cœur devant le Créateur en disant : « Je Te le donne. » Cette prière ardente, ce sacrifice accompli dans le cœur de l'homme est semblable à celui qui se produit dans la nature. Grâce à la sublimation de son amour, de son sang, l'homme rencontre le soleil, Dieu Lui-même, et cette rencontre l'enrichit de nouvelles et divines essences qui se communiquent à tout son être.

2 *août*

Beaucoup de gens acceptent la philosophie de l'anarchie sans voir les dangers du chemin sur lequel ils s'engagent. Oui, car tôt ou tard ils seront détruits. S'ils étudiaient les lois de la nature, comment l'univers a été créé, les régions dont il est fait et les créatures qui peuplent ces régions, ils comprendraient qu'ils se trouvent dans le corps de la nature vivante et qu'ils doivent se conduire en harmonie avec ce Tout. S'ils s'obstinent à créer des troubles par leur attitude anarchique, la nature « prend une purge », et elle les rejette. Les anarchistes ne sont jamais acceptés longtemps, et si ce ne sont pas les humains qui les éliminent, c'est la nature elle-même qui s'en charge, parce que la nature ne tolère pas la désharmonie. C'est comme une tumeur, un cancer dans son corps, et elle y remédie en expulsant ces indésirables.

3 août

Il arrive que vous chantiez en mettant beaucoup de force dans votre voix. Ce n'est pas mauvais, mais cette force ne peut pas tellement produire d'émotions spirituelles. Il vaut mieux insister davantage sur le sentiment, car il apporte quelque chose de plus vivant, de plus subtil, et la voix gagne en expressivité. Et si à votre interprétation vous ajoutez aussi la lumière, c'est-à-dire une pensée, à ce moment-là ce sera parfait. Chanter très fort ne donne jamais les meilleurs résultats. C'est sensationnel en apparence, mais cela ne touche pas les régions les plus subtiles de l'âme et de l'esprit. L'important, c'est de pouvoir doser, mesurer. Il ne faut pas que la force soit prédominante. Elle doit être seulement là comme une matière première, sur laquelle travaillent le sentiment qui la rend expressive, et la pensée qui lui donne un but.

4 août

À chaque instant de la journée, vous devez être conscient de ce qui entre en vous et de ce qui sort de vous, analyser les pensées, les désirs, les sentiments qui vous envahissent, et en même temps les éléments qui vous quittent, que vous perdez. C'est toute une science qui se découvre ainsi devant vous. Dans votre laboratoire intérieur, vous étudiez sur vous-même la réalité des choses, vous observez si vous progressez ou au contraire si vous reculez. Quand on n'est pas conscient, comment se rendre compte de ce qui se passe ? Il m'arrive quelquefois de demander à certaines personnes : « À quoi pensez-vous ? » et elles me répondent : « Je ne sais pas. » Je suis stupéfait. On entre chez elles et on en sort comme dans un moulin, mais elles n'y font pas attention, elles ne savent pas qu'il y a toutes ces entrées et ces sorties ! Comment voulez-vous que des êtres pareils soient les maîtres de la situation ? Ils seront toujours faibles, toujours vaincus.

Quels que soient les courants qui vous traversent, vous devez reconnaître leur nature, les régions d'où ils viennent, afin de pouvoir les classer. C'est alors que vous progresserez.

5 août

Chaque grande période de l'histoire de la terre est marquée par la prépondérance d'un des quatre éléments : terre, eau, air, feu. À notre époque, c'est le feu qui va dominer, l'humanité connaîtra le feu sous toutes ses formes. C'est pourquoi nous devons nous renforcer et devenir les amis du feu. En nous liant au soleil, qui est le vrai feu, en le contemplant, nous changeons peu à peu les vibrations de notre être jusqu'à sentir que nous nous fusionnons avec le soleil. Ceux qui aiment le soleil, qui ont compris la place qu'il doit occuper dans leur vie spirituelle, résisteront aux manifestations négatives du feu.

6 août

*A*u moment de la transfiguration sur le mont Thabor, Jésus est apparu à ses disciples dans une telle lumière, un tel éclat qu'ils n'ont pu le supporter et ils sont tombés la face contre terre. Cette transfiguration était une irruption, dans le plan physique, du corps spirituel de Jésus, son corps de gloire. Le moment n'était pas venu pour Jésus de détacher son corps glorieux du corps physique pour vivre définitivement en lui, mais il pouvait déjà apparaître dans la plénitude de sa manifestation… Quelques personnes ont pu voir le corps glorieux de certains Initiés quand ils étaient dans des états de ravissement et d'extase : leur visage rayonnait, la lumière jaillissait de tout leur être. C'est grâce à ce corps que les Initiés peuvent se déplacer dans l'espace, et agir aussi à distance sur les créatures pour les aider. Oui, et même si son corps physique est usé, malade, un Initié peut toujours travailler et envoyer de l'aide, car le corps physique et le corps de gloire sont deux réalités tout à fait différentes ; le corps de gloire est toujours là, vivant, rayonnant, il peut toucher les créatures à travers l'espace pour les instruire, les conseiller, les consoler ou leur donner ses bénédictions.

7 août

Si dans la vie courante les humains possèdent la notion de hiérarchie, c'est qu'elle leur a été donnée par l'Intelligence cosmique qui a instauré une hiérarchie non seulement dans l'univers, mais aussi dans leur corps physique. L'homme est fait d'un système osseux qui correspond au monde minéral et qui, comme lui, joue le rôle de support matériel ; sur les os sont accrochés les muscles, comme la végétation est accrochée au sol. Le système circulatoire, avec les canaux et les vaisseaux sanguins, correspond aux rivières, aux cours d'eau, aux lacs, car l'eau est le sang de la terre qui nourrit toute la végétation. Le système respiratoire correspond à l'air. Et enfin le système nerveux correspond au soleil dont tout dépend. Or, nous savons que ce ne sont pas les os qui commandent, mais le système nerveux, qui est le plus subtil, le plus fin, le plus évolué.

Pourquoi n'a-t-on pas tiré de cette constatation une conclusion philosophique ? Pourquoi la science a-t-elle égaré l'humanité en donnant la première place à la matière au lieu de la donner à l'esprit ?

8 août

***L**orsque vous êtes angoissé ou irrité, au lieu de vous ronger ou d'aller partout inquiéter les autres, restez tranquille. Commencez par respirer, puis prononcez un mot avec amour, faites un geste avec amour, envoyez une pensée avec amour… Vous constaterez que ce qui fermentait et se putréfiait en vous est chassé très loin. En faisant appel à l'amour, vous avez ouvert une source en vous ; alors maintenant laissez-la travailler, elle purifiera tout. Vous voyez, c'est facile, il suffit d'ouvrir son cœur, de déclencher l'amour. Essayez et vous vous demanderez pourquoi vous n'avez pas encore utilisé cette méthode. On entend parler de l'amour, et on rit, on joue avec l'amour au lieu de s'en servir comme le moyen le plus efficace de salut.

9 août

*L*es humains ont tous les éléments nécessaires pour que le Royaume de Dieu vienne sur la terre. Le seul obstacle est leur mauvaise volonté : ils ne veulent pas participer à ce travail pour le bien de l'humanité, chacun reste préoccupé de ses seuls intérêts. Comment dans ces conditions le Royaume de Dieu peut-il se réaliser ? Si tout le monde consentait à faire les quelques efforts nécessaires, les améliorations seraient très rapides. Mais le plus important est là : le consentement. Un homme comme Hitler, par exemple, croyez-vous qu'il avait des qualités tellement exceptionnelles ? Pas du tout, mais il a eu la chance de rassembler, à cause des circonstances, le consentement de millions d'Allemands, et c'est pourquoi il est devenu tellement puissant. Et si maintenant, au lieu d'être donné à des idées de racisme et d'exclusion, le consentement pouvait être donné aux idées de fraternité universelle, ce serait le Royaume de Dieu, l'Âge d'Or.

10 août

***L**e principe masculin et le principe féminin sont deux puissances qui, dès qu'elles sont mises en présence, commencent à faire un travail déterminé. Même si l'homme et la femme n'en sont pas conscients, cette action a lieu : le principe masculin devient actif, dynamique, tandis que le principe féminin devient réceptif. Les Initiés, qui vont toujours beaucoup plus loin dans la compréhension de tous les phénomènes naturels, savent utiliser cette loi dans la vie spirituelle pour éveiller certaines qualités en eux. À ce moment-là, il ne s'agit plus d'hommes ni de femmes, mais de principes divins. Pour développer en lui les facultés féminines de réceptivité, d'humilité, de douceur, de bonté, d'obéissance, l'Initié se met en présence du principe masculin, le Père céleste. Et pour développer la puissance, la force, la volonté, il se met en contact avec le principe féminin, la Mère divine. C'est ainsi qu'en développant des qualités masculines et féminines, l'Initié marche sur le chemin de la perfection.

11 août

***P**uisque vous avez un idéal spirituel, vous devez au moins, pendant les quelques jours où vous participez à des congrès fraternels, vous y consacrer entièrement, ne pas avoir un pied ici et un pied ailleurs, car ce n'est pas dans cette bifurcation que vous obtiendrez de grands résultats. Quand vous rentrerez chez vous, vous pourrez retrouver toutes vos occupations, mais pendant ces congrès, tâchez de faire une petite retraite pour vous retrouver, pour comprendre qui vous êtes, quel est le sens de votre existence, et avoir enfin une petite conversation avec le monde divin. Sinon, au moment où il faut se concentrer, méditer, votre pensée est ailleurs. Alors, à quoi cela sert-il que vous soyez là ? C'est même du temps perdu pour vous. Puisque nous nous réunissons pour nous retrouver, nous purifier et devenir capables d'exécuter un travail divin, tâchez de ne pas vous éparpiller dans des activités qui introduiront en vous des éléments étrangers à ce travail.

12 août

*U*n ange voulut un jour connaître la vie sur la terre, et pour mieux l'étudier il prit la forme d'un cochon. L'existence lui paraissait magnifique, délectable... Il mangeait des glands ainsi que ce mets savoureux que l'on appelle pâtée. Il s'était marié avec une charmante truie, et il était entouré d'une quantité d'adorables petits cochonnets. Mon Dieu, quel bonheur ! Il ne pouvait plus s'arracher à une pareille félicité et les anges, là-haut, commencèrent à s'inquiéter : ce stage durait beaucoup plus longtemps que prévu. Ils lui envoyèrent des messages, mais rien à faire !... À la fin, ils se dirent que la seule solution était de lui couper la tête. Le cochon fut donc égorgé et mangé, et quand l'ange sortit de cette forme... appétissante ! il fut stupéfait d'avoir pu si longtemps s'oublier dans cet état et il remercia ses frères de l'avoir libéré. Malheureusement beaucoup d'êtres humains font la même expérience : ils s'enfoncent si profondément dans la matière qu'ils deviennent comme des cochons, et il ne faut pas s'étonner si le Ciel leur envoie quelques bonnes secousses pour les obliger à se débarrasser de leur forme animale et à retrouver leur forme divine.

13 août

Parce que le chemin y est quelquefois difficile à discerner, beaucoup de gens n'ont aucune envie de pénétrer dans le monde spirituel : ils ont peur de s'y perdre. C'est vrai qu'on peut s'y perdre ; exactement comme on peut se perdre sur la mer si on n'a pas de boussole. Mais dans la vie spirituelle aussi on peut avoir une boussole, et le jour où l'on arrive au port, on est ébloui. Il existe d'ailleurs des moyens de se diriger même sans voir le chemin. Que voient les occupants d'un sous-marin pour se diriger dans les profondeurs de la mer ? Rien, mais le sous-marin est muni d'appareils dont le commandant sait interpréter les indications, et le voyage se déroule sans incident. Eh bien, l'être humain est comparable à un sous-marin : il possède intérieurement des appareils qui lui permettent de se diriger. Mais ces appareils sont rouillés parce qu'il ne les a pas utilisés depuis des réincarnations, ou bien ils sont faussés à cause de la vie désordonnée qu'il a vécue, et c'est à lui maintenant de les rendre à nouveau capables de fonctionner.

14 août

Pendant des siècles, l'homme a abusé de son autorité sur la femme : il s'est montré égoïste, injuste, violent, cruel. Et maintenant la femme se réveille... Mais elle ne se réveille pas dans la lumière, la vraie ; elle se redresse pour prendre sa revanche et les conséquences n'en seront pas meilleures, même pour elle. Il faut maintenant que la femme pardonne à l'homme ; puisqu'elle est la mère, puisqu'elle a plus d'amour que l'homme, puisque sa nature la porte à être bonne, indulgente, généreuse, prête à se sacrifier, il ne faut pas qu'elle cherche à se venger. La femme doit s'élever au-dessus de ses intérêts personnels afin de s'éveiller à des vertus plus grandes. Toutes les femmes sur la terre doivent s'unir pour un travail de construction, un travail sur les enfants qu'elles mettent au monde, et sur les hommes, pères de leurs enfants, afin de les entraîner dans un travail de régénération de l'humanité.

15 août

Conservez toujours précieusement en vous le désir de vous instruire, d'élargir votre champ de vision. Beaucoup, malheureusement, quand ils voient l'ampleur de la science spirituelle, au lieu de se réjouir, sont effrayés et rentrent dans leur coquille : ils sentent que non seulement ils devront accepter beaucoup de changements dans leur façon de penser, mais aussi dans leur comportement, et ça ne leur plaît pas d'être ainsi bousculés, ils préfèrent s'en tenir au petit monde limité qu'ils se sont fabriqué, c'est plus sûr, plus confortable. Eh bien, qu'ils se détrompent : celui qui reste à mijoter dans ses vieilles idées s'expose à toutes sortes d'inconvénients, et ce sont les événements de la vie qui, sans lui demander son opinion, viendront le secouer pour l'obliger à évoluer. Laissez tout espoir que vous pourrez être heureux et tranquille en vous abandonnant à la stagnation.

16 août

*L*e vide recherche le plein pour être comblé, le plein attire le vide pour lui donner de sa plénitude… et depuis l'origine du monde, c'est cette rencontre du vide et du plein qui crée et entretient la vie. Qu'est-ce que la conception d'un enfant ? L'union du vide et du plein. Qu'est-ce que la nutrition ? L'entrée du plein (la nourriture) dans le vide (l'estomac). Et qu'est-ce que la vie spirituelle ? La fusion du vide (l'âme humaine) et du plein (la Divinité). Car l'âme humaine est une vierge qui doit se montrer réceptive et humble afin d'attirer l'Esprit de Dieu qui la fertilisera. Plein et plein se repoussent ; mais l'humilité, qui est une pauvreté, est en même temps une richesse, car elle permet d'attirer la Divinité. Il faut être vide, c'est-à-dire humble, vis-à-vis de Dieu, pour être comblé par sa plénitude. Si vous êtes rempli, gonflé, orgueilleux, vous Le repousserez. Vis-à-vis des humains, c'est différent. Pour aider les humains, vous devez être plein ; si vous êtes humble, ils vous écraseront. Il faut donc être vide devant Dieu et plein devant les humains.

17 août

***P**ourquoi la nature a-t-elle donné à l'homme cet instinct de vouloir contempler la femme dans sa nudité ? Pourquoi cherche-t-il toujours à la voir déshabillée ?… Malheureusement, les humains ne savent pas interpréter le langage de la nature : ils constatent en eux certains instincts, ils s'arrêtent à leurs manifestations les plus grossières, ils capitulent, ils sombrent, et c'est fini. Pourquoi n'apprennent-ils pas à utiliser ces instincts pour leur développement spirituel ?

En réalité, la nature veut pousser l'homme à aller au-delà des apparences pour découvrir une autre vérité. L'homme doit apprendre à contempler la femme au-delà de sa nudité physique, dans la nudité de son âme et de son esprit, c'est-à-dire dans la plus grande pureté, la plus grande lumière. En haut, il n'y a plus rien d'impur ni de laid, mais seulement l'innocence et la splendeur.

18 août

*U*n rayon de soleil est en réalité un flux de milliards de particules, et chacune de ces particules contient un savoir formidable concernant le soleil et ses habitants. Quand vous aurez appris à recevoir les rayons du soleil, à les comprendre, à les déchiffrer, ils vous apporteront le savoir du soleil, et non seulement son savoir, mais aussi son amour pour toutes les créatures, et enfin sa vie, sa force. Si la majorité des humains ne reçoivent presque rien du soleil, c'est parce qu'ils se contentent de le regarder en pensant à autre chose. Ils doivent apprendre quelle est la nature de ses rayons et se préparer à les recevoir afin de bénéficier de toutes leurs richesses. Les rayons du soleil peuvent tout vous donner, mais à condition qu'ils trouvent en vous une porte ouverte.

19 août

Il est très important d'apprendre à manger dans le silence en se concentrant sur la nourriture. Car les aliments ne sont pas une matière morte, ils nous parlent, ils nous communiquent leurs secrets. La nourriture, c'est de la lumière solaire condensée, des sons condensés. Oui, car la lumière n'est pas séparée du son, mais pour l'entendre il faut être attentif, il ne faut pas avoir la pensée occupée ailleurs. Pour celui qui s'est exercé à l'entendre, la lumière parle, elle chante, c'est de la musique, c'est le Verbe divin. Dans le vacarme du monde contemporain, on ne peut rien entendre, et c'est tellement dommage ! Tandis que le silence prépare les conditions pour que nous puissions comprendre le langage de la nourriture.

20 août

D*epuis la découverte du laser, la science a été obligée d'admettre qu'il n'existe pas de plus grande force que la lumière. Malheureusement, cette force-là aussi peut être utilisée pour le mal comme pour le bien. Les civilisations qui ont précédé la nôtre étaient déjà parvenues à des réalisations inouïes grâce à la lumière. Les Atlantes, parmi beaucoup d'autres découvertes, avaient fait aussi celle du laser ; ils savaient se servir de la lumière du soleil pour faire marcher les engins très perfectionnés qu'ils possédaient ; tout fonctionnait à la lumière. Seulement ils firent un très mauvais usage de leur science et de leur pouvoir, et c'est ce qui causa leur perte.

C'est une tendance innée de la nature humaine que de tout utiliser pour satisfaire ses instincts inférieurs : la cupidité, la volonté de domination... C'est pourquoi, s'il n'y a pas à la tête de l'humanité des êtres raisonnables et éclairés capables de maintenir l'équilibre entre la technique et la morale, il se produira de grandes catastrophes comme celles qui ont causé l'effondrement de l'Atlantide.

21 août

Rien dans le ciel ni sur la terre ne peut vous interdire d'aimer. L'amour, c'est la vie. Mais il faut apprendre à aimer, c'est-à-dire apprendre à spiritualiser et à sublimer son amour. Pourquoi ? Pour faire un travail avec cet amour. « Comment, un travail ? Et le plaisir alors ? »

Le plaisir sera remplacé par le travail. « Et on n'aura plus de plaisir ? – Si, vous aurez le plaisir, mais beaucoup plus subtil, beaucoup plus complet, un plaisir que rien jamais n'altérera, alors que le plaisir tel qu'on le comprend en général se transforme tôt ou tard en cendres. » Il y a un plaisir qui ressemble à de l'or et un autre qui ressemble à du plomb. L'or ne rouille pas, ne s'oxyde pas, il est toujours noble, précieux, rayonnant. Tandis que le plomb est terne : si vous le coupez un peu, il brille quelques minutes, et après, de nouveau il ternit. Lorsque les alchimistes cherchaient à transformer le plomb en or, en réalité ils ne demandaient qu'à transformer la nature humaine inférieure en nature supérieure, divine, c'est tout. Et c'est possible lorsque l'homme apprend à remplacer le plaisir par le travail.

22 *août*

Il existe un remède universel pour rétablir la santé et l'équilibre de l'organisme. Ce remède, c'est l'amour. La vie et l'amour sont liés, et pour que la vie circule en abondance, il faut appeler l'amour. Oui, la vie naît de l'amour. Là où il y a de l'amour, il y a la vie ; là où l'amour diminue, c'est la mort qui s'approche. Toutes les religions nous enseignent l'amour envers Celui qui donne la vie. Cet Être qui remplit l'univers, nous pouvons Le trouver partout : Il est dans la terre, dans les plantes, dans l'eau, dans l'air, dans le feu, dans notre organisme, dans le soleil, dans les étoiles, partout.

23 août

Chaque activité à laquelle vous vous livrez révèle votre éducation, votre caractère, votre intelligence, votre sens esthétique. Vous dites : « Oh, mais moi j'ai seulement à balayer et laver le sol ! » Mais croyez-vous que ce soit si simple que ça ? Là aussi il y a à réfléchir et à se montrer vigilant. Simplement d'après la façon dont vous vous y prenez pour commencer ce travail que vous prétendez si facile, vous révélez votre intelligence. Même pour balayer, il y a tout un ordre à suivre, et certaines précautions à prendre pour ne pas soulever des quantités de poussière. Vous direz que vous utilisez un aspirateur. C'est très bien, mais là aussi il faut être vigilant pour ne pas passer plusieurs fois au même endroit et en négliger d'autres, ne pas heurter tous les meubles, ne pas emporter une chaise avec le fil, etc. Aucun travail ne peut se faire sans attention, sans réflexion. Quel que soit ce travail, physique ou mental, il faut voir tout d'abord comment l'organiser, dans quel ordre l'exécuter. C'est ce que l'on appelle avoir une bonne méthode de travail. Alors observez-vous, et quelle que soit la tâche que vous entreprenez, réfléchissez à la manière dont vous allez la préparer et l'exécuter.

24 août

*V*ous ne savez pas vivre dans cet état d'émerveillement, de dilatation, de légèreté, d'amour qui donne des ailes. Les oiseaux savent que pour voler ils doivent étendre leurs ailes. Alors, comment se fait-il que les oiseaux aient trouvé le secret et que les humains soient là chaque jour à se rétrécir, à s'engourdir, à s'enterrer ? C'est donc qu'ils ne sont pas aussi intelligents que les oiseaux ! Vous dites : « Je me sens bizarre, je n'ai plus de goût à rien. – C'est que vous ne savez pas comment déployer vos ailes, c'est tout. – Oui, mais je suis docteur de plusieurs universités. – C'est possible, mais vos ailes sont repliées… ou alors quelqu'un vous les a coupées, cela arrive aussi. Intérieurement vous vous êtes laissé couper les ailes. » Si vous voulez être chaque jour capable de voler, apprenez à nourrir en vous les pensées et les sentiments qui vous donneront des ailes.

25 août

Ce qui vous empêche de recevoir des révélations célestes, c'est que vous n'arrivez pas à vous dégager de vos préoccupations matérielles. Il ne s'agit pas d'abandonner vos affaires, mais de savoir au moins les déposer un moment quelque part, comme on dépose un fardeau. Regardez, par exemple, un porteur qui transporte des bagages au cours d'une expédition en haute montagne : de temps en temps il les dépose, il respire un peu, s'assied, grignote quelque chose, boit, puis il reprend son chargement et continue son chemin. Est-ce que vous ne pouvez pas en faire autant ? De temps en temps, laissez vos soucis quelque part, une heure ou deux ; vous pouvez être sûr que personne ne viendra vous les prendre : il n'y a pas beaucoup de candidats pour prendre les fardeaux des autres ! Alors, déposez-les en toute confiance, et rétablissez le contact avec le Ciel.

26 août

*V*ous n'avez aucun don intellectuel ou artistique ? Votre cœur non plus n'est pas développé parce que vous n'avez jamais travaillé sur la bonté, la générosité, la noblesse ? Vous n'êtes ni beau, ni fort, ni résistant et la santé vous manque… Eh bien, ce n'est pas une raison pour croire que votre vie est perdue. Il y a toujours quelque chose à faire. Et quoi ? Concentrez-vous sur les qualités que vous désireriez posséder, travaillez à former par la pensée une image idéale de vous-même : dans la prochaine incarnation vous aurez des résultats, et même déjà dans celle-ci quelque chose va se modifier en vous, vous ne serez plus tout à fait le même.

Aucun désir, bon ou mauvais, ne reste sans résultat. À l'instant où vous éprouvez un désir, il se réalise instantanément dans un monde d'une matière subtile, invisible. Pour qu'il se réalise dans le plan physique, il faut du temps, quelquefois des années ou même des siècles. Mais si vous avez la patience de vous concentrer longtemps, très longtemps sur la même idée, elle deviendra un jour visible, tangible.

27 août

*R*egardez un fleuve : son lit est toujours le même, mais l'eau qui coule est toujours différente. On appelle toujours le fleuve par le même nom : Seine, Tamise ou Mississipi, mais l'eau qui coule est chaque jour nouvelle. Les habitants du fleuve, les gouttes d'eau, viennent et s'en vont, et sans cesse il en arrive d'autres à leur place tandis qu'elles s'écoulent vers la mer. Arrivées à la mer, elles sont chauffées par le soleil, elles deviennent légères, subtiles, montent dans l'atmosphère sous forme de vapeurs, de nuées, jusqu'au jour où elles retomberont sous forme de pluie ou de neige, pour redescendre des montagnes en torrents et en rivières. Donc, tout s'écoule et se renouvelle sans cesse.

Eh bien, un pays est comme un fleuve : il porte toujours le même nom, mais il s'y incarne successivement des êtres toujours différents et qui viennent d'ailleurs. Ou encore, un pays est comme une maison dont le destin est d'être habitée pendant quelques années par tels locataires, puis les années suivantes par d'autres locataires... Pendant les premières années, on entend de la musique, des chants, puis les habitants changent et il règne une autre atmosphère, prosaïque ou agitée, et pourtant, la maison est toujours la même. Ainsi s'expliquent les changements qui se produisent dans l'histoire de nombreux pays.

28 août

*V*ous voulez vous instruire auprès d'un Maître, mais sachez que vous n'obtiendrez rien si vous n'êtes pas sincère et honnête. C'est la qualité de vos pensées et de vos sentiments qui vous fera évoluer. Le Maître n'est qu'un moyen. Tous ceux qui s'imaginent que s'ils avaient eu un Maître ou un plus grand Maître encore, leurs progrès spirituels auraient été plus rapides, se trompent : ils auraient peut-être eu à passer de plus grandes épreuves ! Et ne pensez pas qu'auprès de Jésus, un chat peut devenir saint Jean ; non, il reste un chat, et le pourceau deviendra peut-être deux fois pourceau.

Évidemment, il est bon d'avoir un Maître sage et plein d'amour, mais n'oubliez jamais que le plus important, c'est ce que vous êtes, vous. Commencez donc par améliorer vos sentiments et vos pensées, par nourrir le plus haut idéal, en sachant que, tôt ou tard, vous parviendrez à attirer parmi les entités célestes celles qui leur correspondent.

29 août

Préparez-vous chaque matin pour le lever du soleil. Au moment où vous vous mettez en chemin pour rencontrer l'aurore, vous devez avoir dans votre tête et dans votre cœur la pensée que vous allez non seulement assister, mais participer à cet événement formidable qui se produit dans l'univers. Qu'y a-t-il de plus beau et de plus essentiel que la naissance du jour ? Vous direz que votre présence n'y changera rien, le jour se lèvera que vous soyez là ou non. Bien sûr, mais c'est pour vous que c'est important, car il existe une relation entre ce qui se passe dans la nature et ce qui se passe en vous. Quand vous saurez comment regarder le soleil se lever, vous sentirez toutes les puissances pures et lumineuses qui entrent en action à cet instant où jaillit le premier rayon, et vous comprendrez combien il est important de travailler avec elles afin d'éveiller aussi le jour dans votre conscience.

30 août

Quand vous méditez, laissez de côté toutes les autres préoccupations et concentrez-vous sur la lumière comme si toute votre vie dépendait d'elle. Cette lumière, vous pouvez l'imaginer de n'importe quelle couleur, mais il est préférable qu'elle soit blanche, parce que la couleur blanche est une synthèse de toutes les autres couleurs. La lumière blanche réunit la toute-puissance du violet, la paix et la vérité du bleu, la richesse et le rajeunissement éternel du vert, la sagesse et la connaissance du jaune, la santé et la vigueur de l'orange, la force et le dynamisme du rouge. Quand vous saurez vraiment vous concentrer sur la lumière, quand vous la sentirez comme une existence qui vibre, qui palpite, où tout est paix et plénitude, vous commencerez à percevoir que cette lumière est aussi une musique, cette musique universelle qu'on appelle la musique des sphères, le chant de tout ce qui existe dans l'univers, et en même temps vous respirerez les effluves parfumés qui émanent d'elle. Il n'existe pas de travail plus digne, plus glorieux, plus puissant, que ce travail avec la lumière.

31 août

*N*os chants sont une richesse que vous devez savoir utiliser pour l'équilibre et l'épanouissement de votre vie intérieure. Quand vous sentez que vous ne savez plus très bien où vous en êtes, que vos idées s'embrouillent, chantez : *Misli, pravo misli :* Pense juste, et vous verrez déjà mieux le chemin. Quand vous croyez que plus personne ne vous aime, chantez : *Bog é lubov :* Dieu est amour. Alors, que voulez-vous de plus, puisque Dieu ne vous abandonnera jamais ? Si vous êtes un peu fatigué, mal disposé, chantez : *Sila, zdravé é bogatstvo :* La force, la santé sont une richesse. Et vous vous levez pour vous remettre au travail. Si vous trouvez que la vie est terne, qu'elle ne vous inspire plus aucune joie, dites : *Krassiv é jivota :* La vie est belle. Et quand enfin vous êtes heureux, chantez : *Blagoslavia, douché moïa, Gospoda :* Mon âme, bénis le Seigneur. Puisque vous avez des moyens, tout un arsenal magique, apprenez désormais à vous en servir.

1er septembre

*L*es humains sont rarement conscients de leurs mauvaises habitudes mentales. L'un, quand il doit entreprendre un travail, est tout de suite crispé, il s'énerve ; un autre devant chaque situation nouvelle, a pour première réaction de se montrer négatif ou affolé, un autre se révolte, un autre se décourage… Mais comme ce sont des attitudes dont ils ne se rendent même pas compte, ils ne peuvent pas y remédier, et dans n'importe quelle situation ils trouvent toujours un prétexte pour retomber dans les mêmes travers. La première chose à faire est donc de vous étudier pour vous connaître. Dès le moment où vous voyez clair en vous, vous avez déjà les moyens de remédier à la situation : tout de suite vous recevez un élan pour mobiliser toutes les possibilités que Dieu a mises dans votre subconscience, votre conscience, et votre superconscience : c'est ainsi que chaque jour vous progressez à cause de cette habitude que vous avez prise de vous étudier et d'être lucide sur vous-même.

2 septembre

*S*i nous savons nous renforcer et aller plus loin dans notre compréhension des choses, un mal qui terrasserait ou anéantirait les autres nous rendra, nous, plus forts, plus nobles et en meilleure santé. Il ne faut donc pas chercher à supprimer le mal, mais se renforcer pour lui résister. Contre la pluie, la neige, la tempête, que fait-on ? Est-ce qu'on sort de sa maison pour ordonner aux forces de la nature de s'apaiser ? Oui, peut-être dans les contes c'est ainsi, mais dans la vie courante on s'occupe de sa maison, on la consolide, on vérifie l'isolation, on installe un bon chauffage, et ça suffit, on est tranquille. Alors, pourquoi ne pas faire intérieurement la même chose ? Pourquoi s'occuper de lutter contre le mal au lieu de s'occuper seulement de devenir plus fort, plus résistant, afin de mieux comprendre et d'agir mieux ?

3 septembre

Pour sortir des limites de sa conscience, le disciple doit apprendre à se projeter très haut jusqu'à cet Être qui embrasse tout et qui nourrit toutes les créatures : il se demande comment Il voit le devenir de l'homme, quels sont ses projets pour lui, pour son évolution dans un avenir proche et lointain. C'est ainsi que le disciple arrive à sortir de lui-même : parce qu'il essaie de plus en plus de se rapprocher de cet Être immensément grand, lumineux et parfait. Un travail se fait au-dedans, dans la subconscience, la conscience, la superconscience, et ce qu'il vit comme sensations et expériences est inexprimable. Cette pratique est une des plus salutaires pour le disciple ; en s'y adonnant chaque jour, il arrive à s'éloigner de son moi limité pour se fondre dans cet océan de lumière qui est Dieu. C'est là qu'il trouve les vrais gages de la connaissance, de la libération et du bonheur.

4 septembre

Ce qu'il faut comprendre une fois pour toutes avec le travail spirituel, c'est qu'il concerne une matière extrêmement subtile qui échappe à nos moyens d'investigation habituels. Mais les résultats qu'il est possible d'obtenir dans le plan spirituel sont tout aussi réels que ceux qu'on peut obtenir dans le plan physique. Autant, dans le plan physique, il est réel que vous sciez du bois ou que vous préparez un potage, autant dans le plan spirituel, il est réel aussi que vous déclenchez des forces, orientez des courants, éclairez des consciences : un jour ou l'autre les résultats sont là. Tant qu'on ne connaît pas ces lois et qu'on s'attend à voir tout de suite les résultats concrets de son travail spirituel, on se décourage et même on démolit quelquefois ce qu'on a déjà construit.

5 septembre

Il a été dit : « *Tu aimeras le Seigneur, ton Dieu, de tout ton cœur, de toute ton âme, de toute ta pensée, de toute ta force.* » Oui, parce que tout est dans l'amour pour Dieu : la santé, la beauté, la lumière, l'intelligence, la puissance, la liberté. Si nous aimons Dieu de tout notre être, si Dieu est pour nous à la première place, si nous faisons des efforts quotidiennement, trois fois, quatre fois, dix fois par jour pour sortir de nous-mêmes et nous fondre dans cette immensité d'où nous viennent la vie, le bonheur, les forces et toutes les bénédictions, nous comprendrons qu'aucune créature ne mérite notre amour autant que Dieu. Oui, car personne, ni parents, ni femme, ni mari, ni enfants, ni amis, ne peuvent nous donner quelque chose d'aussi essentiel, personne ; ils nous donnent quelques objets, quelques sourires, mais c'est loin, loin de pouvoir se comparer avec la vie et les bénédictions qui viennent de la Source divine.

6 septembre

*L*a plupart des mariages finissent sur un échec et pourtant, instinctivement, subconsciemment, l'homme et la femme qui commencent à s'aimer ont l'espoir que cet amour sera merveilleux, divin, qu'enfin ils auront trouvé leur âme sœur, qu'ils goûteront la plénitude. Alors, d'où leur vient cette espérance ? D'un souvenir du passé lointain, d'une connaissance profondément enfouie en eux, qu'en haut, dans le monde divin, l'union du principe masculin et féminin se réalise dans la plus grande splendeur, dans la plus grande plénitude. C'est parce que l'homme et la femme se cherchent trop bas qu'ils ne trouvent pas la même plénitude. Le vrai mariage, c'est l'union que l'homme et la femme réalisent avec leur âme et leur esprit. S'ils sont déçus, c'est qu'ils n'ont pas su réaliser ce mariage. Le bonheur n'est possible que lorsqu'ils parviennent à s'unir en haut.

7 septembre

*L*es humains sont extraordinaires : ils écoutent les conseils du premier venu qui leur dira comment réussir dans la vie, quoi penser sur la politique, la religion… qui fréquenter, comment retrouver la santé, etc., sans se demander si cette personne possède réellement les éléments pour les conseiller. Ils ressemblent à cet homme qui, perdant ses cheveux, va dans un magasin acheter une lotion. « Voilà un produit très efficace, dit le marchand, c'est de la pilocarpine : faites une friction tous les soirs, vous verrez, c'est miraculeux. » Il achète le produit et rentre chez lui enchanté sans avoir remarqué que le bonhomme qui lui faisait la réclame de ce produit n'avait pas un cheveu sur la tête. Si ce produit était efficace, pourquoi est-il encore chauve ?

Les gens se laissent embarquer par n'importe qui sans réfléchir, sans remarquer les indices qui prouvent que cette personne qui leur fait des beaux discours est incapable de les aider en quoi que ce soit. Et malheureusement cela est vrai dans tous les domaines.

8 septembre

Il faut être capable de transformer toutes les impuretés que nous recevons de ce qui nous entoure, de la nourriture, de l'air et même des pensées et des sentiments que les humains dégagent. Et même, plus loin encore, tout ce que l'on reçoit des autres comme critiques, haine, ingratitude, il faut le transformer. Qu'est-ce que les Initiés n'ont pas reçu comme pierres de tous les côtés… des montagnes de pierres ! Mais ils ont trouvé le moyen de les transformer en pierres précieuses. Tous ces trésors qu'ils nous ont laissés sont des pierres qu'on leur avait jetées et sur lesquelles ils ont travaillé. C'est cela la véritable alchimie. Puisque la terre est capable de transformer la matière brute en pierres précieuses, pourquoi pas nous ? L'essentiel est d'y penser. Un être humain possède toutes les forces et les puissances ; même la pierre philosophale est là en lui qui transforme tout en or. Tant que les humains n'auront pas cette philosophie, ils se sentiront malheureux, écrasés, la moindre critique qu'on leur fera les mettra par terre.

9 septembre

*L*e soleil est le meilleur restaurant qui existe, c'est pourquoi nous allons le visiter chaque matin. Mais pour y recevoir de la nourriture, il faut avoir de l'or : pas de l'or dans les poches, cela ne sert à rien, mais de l'or dans le cerveau. Et quand le restaurateur, l'esprit solaire, voit que vous avez quelques louis d'or au-dedans de vous, tout de suite il envoie des plats et des plats, les plus succulents. Autrement vous restez là à bailler, à vous gratter en soupirant : « Je ne sens rien, je ne reçois rien, ce n'est pas la peine de venir dans ce restaurant. » Vous attendez le service, mais on va servir les autres et pas vous. À vous, on vous dit : « Attendez, attendez, allez d'abord ramasser de l'or, quand vous aurez cet or, on vous servira. » Avoir de l'or, c'est comprendre la sagesse divine, l'apprécier, l'aimer, la chercher. Quand les esprits du soleil voient que vous avez cet or, ils s'occupent immédiatement de vous.

10 septembre

L'homme ne peut rien améliorer sur la terre s'il ne sait pas s'élever pour contempler d'autres régions peuplées d'entités plus évoluées qui peuvent lui servir d'exemples et de modèles. Il ne peut rien créer de plus beau, de meilleur, s'il n'a pas perçu quelque part une réalité qui dépasse la nôtre. Et c'est cela justement le travail du disciple. Dans ses méditations, ses contemplations, ses extases, il arrive à percevoir cette perfection qui est en haut, et ensuite il s'efforce de la reproduire ici sur la terre. C'est là la seule méthode de transformation véritable. Et si malgré leurs efforts les humains n'arrivent pas à améliorer grand-chose sur la terre, c'est qu'ils ne savent pas s'élever pour contempler un monde qui les dépasse.

11 septembre

Ce sont les humains souvent qui sont responsables des conditions difficiles dans lesquelles ils vivent. Mais ils ne s'en rendent pas compte et ils accusent toujours les autres de ne pas leur avoir donné ceci, facilité cela. En réalité, même si on leur donne ce qu'ils réclament, cela ne changera pas grand-chose, car lorsqu'on est faible, paresseux, ignorant, on n'est pas plus heureux et surtout on ne s'améliore pas, au contraire. Combien de fois on a vu que lorsqu'on satisfait tous ses désirs, l'homme ne fait que s'avilir. Avant, au moins, les difficultés l'obligeaient à réfléchir, à faire des efforts. Mais au moment où les obstacles tombent, on peut dire que le chemin de l'enfer est largement ouvert devant lui. Évidemment, cela ne signifie pas que l'on doive maintenir les humains dans les privations et les difficultés, non, mais il est dangereux de donner de grandes facilités matérielles à tous ceux qui ne savent pas se maîtriser et qui font passer la vie matérielle avant la vie spirituelle, car c'est les exposer aux pires tentations.

12 septembre

*I*maginez que vous souffliez violemment sur une branche fleurie : les pétales s'envolent dans tous les sens ; il ne reste plus rien de cet ordre, de cet agencement qui en faisait toute la beauté. Eh bien, c'est ce que vous faites aussi lorsque vous vous laissez aller à la colère, la jalousie, la cupidité, la sensualité : vous produisez un souffle, un courant qui trouble la disposition des atomes et des électrons en vous, et c'est la perturbation de cette organisation intérieure qui est à l'origine des maladies psychiques, ou même physiques, et qui vous coupe du monde spirituel. C'est pourquoi, lorsque vous éprouvez un trouble, un malaise, parlez à vos cellules, dites-leur : « Allons, apaisez-vous, je vous envoie des ondes d'harmonie et d'amour, soyez obéissantes, reprenez votre travail. » Ne laissez jamais un état négatif s'installer en vous, tâchez d'y remédier immédiatement.

13 septembre

L'amour supérieur est un état de conscience dans lequel tous les êtres doivent apprendre à vivre un jour. Cet état de conscience ne peut se décrire et on ne peut pas non plus l'expliquer à celui qui n'est pas prêt à le vivre ; tout ce que l'on peut faire, c'est essayer de l'y amener peu à peu. Cet état de conscience permet à l'homme de se sentir intérieurement lié avec l'univers ; il est alors comme un instrument vibrant à l'unisson de tout ce qui existe, il ressent une paix profonde et surtout une immense bienveillance à l'égard de tous les êtres. Il ne sait pas d'où provient cette bonne disposition, il sent simplement qu'elle a envahi tout son être et le pousse à se manifester avec amour et compréhension. Il voit la nature et les humains sous un jour nouveau, il est heureux.

14 septembre

*M*aintenant on instruit le monde entier, même les peuples les plus primitifs, mais on ne peut pas ne pas remarquer que cette instruction s'accompagne de troubles et de révoltes. Comment se fait-il que le savoir, le développement intellectuel, qui sont pourtant de bonnes choses, soient la cause de tellement de guerres et de malheurs ? En réalité, la cause n'est pas le savoir, mais la nature du savoir. Quand on ouvre les yeux des gens, ce qu'ils commencent par voir, ce sont les inégalités sociales : les autres sont riches et puissants, tandis qu'eux-mêmes sont pauvres et faibles, alors, évidemment, la révolte, la jalousie s'éveillent en eux. Ils désirent toutes sortes de choses qu'ils n'avaient jusque-là jamais désirées, et comme ils ne savent pas comment les obtenir, ils s'y prennent de la manière la plus simple : la violence. Vous direz : « Mais alors, il faut maintenir les gens dans l'ignorance et l'obscurité ? » Non, les Initiés ne sont pas pour l'ignorance, mais ils ne sont pas non plus pour un savoir qui n'éveille pas l'homme aux aspirations de l'âme et de l'esprit.

15 septembre

On dit que les êtres élus portent une marque sur le front. Et c'est vrai, mais ce n'est pas une marque qu'un être visible ou invisible peut venir poser de l'extérieur. C'est l'homme lui-même qui, par son travail, son élévation spirituelle, inscrit un tel signe sur son front. Car combien de fois je vous l'ai dit : tout s'enregistre, et nos actes, nos sentiments, nos pensées, laissent des traces non seulement autour de nous, mais aussi et surtout en nous. Tout notre être est imprégné, modelé, façonné par les manifestations de notre vie psychique. Oui, c'est une loi : chaque fois que nous manifestons la bonté, la justice, la patience, l'amour… ces vertus s'inscrivent en nous, et non seulement elles s'inscrivent en nous, mais elles créent autour de nous une sorte de champ magnétique qui attire de l'espace des forces bénéfiques qui nous protègent.

16 septembre

*S*i vous arrivez à donner la première place en vous au Moi supérieur, vous participez déjà au travail cosmique du Christ, de Dieu Lui-même. Oui, c'est quelque chose de mystérieux, une activité qui se déploie dans une autre sphère et souvent même à votre insu. Lorsque vous êtes absorbé dans vos tâches quotidiennes, vous ne savez pas ce que fait votre esprit en vous. Mais peut-être qu'un jour, quand votre cerveau se sera suffisamment développé, vous deviendrez conscient de ce travail de votre esprit dans l'univers. Pour le moment, l'essentiel, c'est que vous rétablissiez le lien avec lui. Et c'est justement ce qui doit être votre unique préoccupation pendant les méditations : apaiser les habitants en vous afin de rejoindre votre Moi supérieur qui est la quintessence de Dieu Lui-même.

17 septembre

Tant que les humains mettront leur confiance dans les réalisations matérielles, ils éprouveront des déceptions : parce que, étant donné leur nature, ces acquisitions ne sont pas durables. Alors, qu'ils les laissent un peu de côté et qu'ils se mettent au travail afin d'atteindre l'Être le plus inaccessible, Dieu Lui-même, ou leur Moi supérieur, pour qu'il descende se manifester en eux… Et alors là, oui, ils auront les véritables réalisations, des réalisations intérieures, dans la conscience, et ces réalisations sont immédiates et durables. Pour parvenir à de telles réalisations, concentrez-vous sur un idéal sublime dont vous savez d'avance que jamais il ne se matérialisera dans le plan physique, mais intérieurement vous sentirez cette réalisation, vous la vivrez à l'instant même, et elle ne vous quittera jamais.

18 septembre

*L*a solitude est la plus terrible des souffrances que puisse éprouver l'homme au cours de sa vie. C'est pourquoi chacun cherche celui ou celle avec qui il pourra échanger ses pensées, ses émotions, un être sur lequel il puisse s'appuyer. Mais il est difficile de trouver l'être que l'on cherche. Combien de livres ont expliqué cette angoisse, cette souffrance venant de l'impossibilité de découvrir une âme sœur avec laquelle on aurait des échanges ! Parce que le cœur humain ne peut être rempli définitivement et complètement que par Dieu. Celui qui veut vaincre la solitude, sentir chaque jour qu'il n'est pas seul, qu'il est entouré d'êtres invisibles et qu'il est lui-même rempli d'une immense présence, faite de joie et de bonheur, doit s'unir à Dieu. Mais il doit s'unir à Dieu en tant que manifestation, c'est-à-dire s'unir à la sagesse, à l'amour et à la vérité. Pour celui qui met l'amour dans son cœur, la sagesse dans sa tête et la vérité dans sa volonté, la solitude n'existe plus.

19 septembre

*L*es oiseaux sont l'aboutissement de l'évolution de certains reptiles. Comment cette évolution s'est-elle produite ? Peut-être existait-il parmi ces reptiles quelques individus plus entreprenants, plus audacieux, plus curieux, qui ont donné l'exemple, et certains les ont suivis : ils ont fini par s'envoler… Tandis que les autres, paresseux, craintifs, sans ambition, sont restés accrochés au sol. C'est ce qui s'est passé aussi avec les humains : à travers l'histoire on a toujours vu une minorité d'êtres prêts à suivre ceux qui les entraîneraient sur de nouveaux chemins, alors que les autres, la plupart, stagnaient.

Il y a toujours eu des précurseurs, des audacieux, c'est ainsi que l'humanité progresse : grâce aux audacieux. Il dépend de la bonne volonté, de la conscience, de l'intelligence de chacun de nous de suivre ces audacieux pour se transformer et devenir des oiseaux, pour être libres.

20 septembre

Combien se disent : « Je fais des efforts, mais à quoi cela servira-t-il, puisque partout règne la loi de l'égoïsme et du carnage ? Les poissons se mangent entre eux dans les océans, dans les forêts les fauves se dévorent, et dans les sociétés on ne voit partout qu'égoïsme, violence, cruauté. Pourquoi devrais-je faire exception ? Luttons plutôt des griffes et des dents, donnons des coups et de cette façon nous réussirons… » Tout cela est vrai, mais ces gens-là ne raisonnent qu'en se fiant à ce qu'ils voient sur la terre et qui ne représente que la moitié de la vérité. S'ils jetaient un regard vers le ciel, ils verraient qu'il y a aussi le soleil, et le soleil, c'est l'autre moitié de la vérité. Alors que les animaux et les hommes ne font qu'absorber, engloutir, prendre, ravager, le soleil ne fait que briller, rayonner, projeter, donner. Pourquoi ? Pour que nous ayons la vie, la chaleur, la lumière. Aurions-nous encore la vie s'il n'existait pas une autre loi, la loi de l'amour et du sacrifice qui n'est pas la loi de la terre mais celle du soleil ? Non, eh bien, si tout ce que vous voyez sur la terre vous décourage, pensez au soleil, acceptez ses lois et vous vous sentirez encouragé.

21 septembre

*L*es quatre saisons se retrouvent dans notre vie. Le printemps passe très vite, l'été est bouillonnant, agité de passions. Enfin, en automne, tout s'apaise, c'est la meilleure période, celle où l'homme, enfin maître de lui-même, est capable de donner des fruits. Quant à l'hiver, c'est la saison du froid, du dépouillement. Bien sûr, l'hiver n'est pas absolument mauvais, tout dépend comment l'homme a vécu durant les saisons précédentes. On peut donc dire que l'hiver représente la vérité. L'enfance (le printemps), c'est la vie ; l'adolescence (l'été), c'est l'amour ; la maturité (l'automne), c'est la sagesse ; et enfin la vieillesse (l'hiver), c'est la vérité… la triste vérité malheureusement pour beaucoup ! Car au moment de partir de l'autre côté ils ne peuvent plus se faire d'illusions. Donc, vous voyez : la vie, l'amour, la sagesse et la vérité… il est très intéressant de constater comment les quatre saisons correspondent aux différents âges de la vie dc l'homme.

22 septembre

*D*ans la vie courante, pour un rien les humains se tourmentent ou se déchirent entre eux. Leur champ de conscience est tellement étroit et limité que rien ne leur paraît plus important que leurs soucis, leurs ambitions, leurs amours, leurs querelles. Ils ne voient pas l'immensité du ciel au-dessus d'eux, tout cet espace infini qui, s'ils veulent bien lever les yeux vers lui, leur permettra de s'arracher à leurs limitations et de respirer un peu. En pensant à l'infini, à l'éternité, ils commenceront à sentir qu'ils planent au-dessus de tout, que rien ne pourra plus les toucher, aucun chagrin, aucune tristesse, aucune perte, parce qu'une autre conscience s'éveillera en eux ; ils jugeront et ils éprouveront les choses bien différemment.

23 septembre

Cet élan qui pousse l'homme et la femme l'un vers l'autre et qu'on appelle amour ne peut pas véritablement trouver toute sa satisfaction dans le plan physique. Car ce n'est pas le corps physique qui a besoin d'aimer, mais le cœur, et au-delà encore l'âme et l'esprit. Si on s'arrête au corps physique, on ne peut éprouver que quelques sensations, quelques émotions agréables qui se transformeront bientôt en jalousie, en affrontement et en haine.

Dans l'amour, comme dans beaucoup d'autres domaines, le corps ne doit être considéré que comme un instrument et non un but. Tous ceux qui ne font pas l'effort de chercher au-delà du corps physique resteront insatisfaits et s'ils sont mariés, leur vie deviendra un enfer, car ils finiront par ne voir que les mauvais côtés l'un de l'autre. Tandis que ceux qui ont travaillé à faire de leur amour un échange sur le plan de l'âme et de l'esprit goûteront chaque jour un bonheur nouveau. Et même quand ils seront devenus vieux, ils ne cesseront de se redécouvrir, de se réjouir et de se trouver merveilleux. Car ce n'était pas l'enveloppe, le récipient, le corps qu'ils aimaient, mais son contenu, le principe spirituel issu de la Source unique et inépuisable.

24 septembre

*T*ous ceux qui, dans la religion, mettent l'accent sur des notions, des croyances, des rites qui s'écartent de ces réalités essentielles que sont la lumière, la chaleur et la vie, sont la cause de grands malheurs. Qu'ils commencent à se tourner vers le soleil pour apprendre sa leçon ! Le soleil est large, il est tolérant, il dit : « Croyez à ce que vous voyez, moi je continue à vous distribuer mes richesses. » Les humains, eux, se massacreront jusqu'au dernier pour imposer leur conception d'un Dieu qu'aucun d'eux n'a jamais vu. Vous direz qu'on ne peut pas voir Dieu. Si, justement on peut en voir un reflet dans le soleil ! C'est le soleil qui exprime le mieux la perfection divine. Il continue à donner à tous la lumière, la chaleur et la vie sans s'occuper de savoir qui est orthodoxe, catholique, protestant, juif, musulman, bouddhiste… Pour le soleil, tous sont des enfants de Dieu.

Tôt ou tard, on ne pourra plus ignorer ces grandes vérités, le monde entier trouvera la vraie, l'unique religion. Et les chrétiens comprendront que le Christ n'est autre que l'esprit du soleil. Bien sûr, il ne s'agit pas de trouver le Christ dans ce disque solaire physique qu'on voit dans le ciel, il s'agit de sentir que, au-delà du soleil, qui est un symbole, c'est le Seigneur Lui-même qui est là, plein d'amour.

25 septembre

L'homme ne peut goûter le bonheur et la paix tant que l'ordre hiérarchique en lui n'est pas respecté. Si l'estomac prend la place du cerveau, il est évident qu'il pensera avec l'estomac, et ce ne sera pas fameux !... Vous avez vu ce qui se passe dans un orchestre avant la venue du chef : tous les musiciens vont, viennent, parlent entre eux, accordent leurs instruments, c'est la cacophonie. Mais dès que le chef arrive, la tête, le silence se fait, chacun prend sa place et alors se font entendre des sonorités qui plongent le public dans le ravissement. Il en est ainsi parce que chacun est à sa place, sait ce qu'il a à faire et le fait.

Pour que l'ordre hiérarchique s'installe en nous, il ne faut plus que ce soient les désirs, les passions qui dominent, mais la sagesse, la raison et, au-dessus d'elles encore, à la tête, l'Esprit de Dieu. Nous devons donc prier, supplier, jusqu'à ce que cette tête, l'Esprit de Dieu, vienne s'installer au-dedans de nous. À ce moment-là, la divine hiérarchie sera rétablie, et tout sera en nous harmonieux et musical.

26 septembre

Essayez de parler le moins possible des défauts des autres, car en les mentionnant vous entrez en contact avec ces défauts, et vous vous faites du mal à vous-même. Lorsque vous parlez contre quelqu'un le Ciel dit : « Combien as-tu dans ta caisse ? Donnes-en la moitié à celui dont tu parles. Puisque tu veux le corriger, c'est que tu es riche, donne-lui donc de ta richesse ! » Mais lorsque vous dites de bonnes choses de quelqu'un, le Ciel lui dit : « Donne-lui un peu de tes trésors, parce qu'il parle bien de toi. » Donc, si vous dites du mal des autres, ce sont eux qui en tirent profit ; tandis que si vous dites du bien d'eux, c'est vous qui en profitez.

Admettons que vous ayez été obligé de dire quelque chose de négatif sur quelqu'un, ne terminez pas là-dessus, mais ajoutez une parole positive. Quels que soient les défauts, tâchez de trouver en lui une bonne qualité dont vous parlerez, pour finir sur quelque chose de positif. Il ne faut jamais rester sur le côté négatif.

27 septembre

L'intellect se situe en l'homme entre l'esprit et la matière. Quand il voit que la matière arrive à entraver, à bloquer les impulsions divines de l'esprit, l'intellect peut intervenir pour redonner à l'esprit sa force, lui ouvrir des portes. Du dedans, l'esprit pousse toujours, mais l'homme n'est pas toujours conscient, il ne sait pas qu'il peut faciliter le travail de l'esprit ou, au contraire, s'y opposer en donnant plus de possibilités à la matière.

Les Initiés ont ouvert des écoles pour que justement les humains prennent conscience de cette réalité, qu'ils se décident à faire un travail sur eux-mêmes, à se dominer, à se purifier, pour permettre enfin la manifestation de l'esprit. Les grands Maîtres connaissent cette possibilité qu'a l'homme de se déterminer par l'intellect, afin de décider dans quel sens agir ; c'est pourquoi ils insistent pour qu'il prenne conscience de ce rôle qu'il peut jouer dans l'univers, en soutenant le travail de l'esprit sur la matière.

28 septembre

L'homme parfait, l'homme idéal, l'homme tel que l'Intelligence cosmique l'a créé dans ses ateliers est semblable au soleil et tout ce qui émane de lui est de la même quintessence que la lumière du soleil, mais à l'état éthérique. Donc, plus l'homme se rapproche de la perfection, plus ses émanations deviennent semblables à la lumière : comme la lumière, elles se propagent à travers l'espace et ceux qui sont sensibles les reçoivent et en bénéficient. Voilà pourquoi l'homme doit chercher à atteindre la perfection du soleil, parce que c'est toujours cette même force, cette même énergie solaire qui sort à travers son cerveau, ses yeux, sa bouche, ses mains et tout son corps, et, comme la lumière, elle apporte ses bénédictions non seulement aux humains mais aux plantes, aux pierres, à toute la nature.

29 septembre

***P**our travailler sur l'humanité un grand Maître a besoin d'un corps collectif ; tels de ses disciples sont les yeux, les oreilles ou la bouche de cet organisme, tels autres le cœur, l'estomac, les poumons, les bras, les jambes… Tant qu'il ne peut pas animer ce corps collectif, le Maître est limité.

L'esprit d'un grand Maître fait donc des efforts pour s'incarner, non seulement dans son propre corps physique, mais aussi dans le corps collectif d'une communauté spirituelle afin de la développer et de l'améliorer. Mais ce corps collectif doit, en retour, faire autant d'efforts pour aider l'esprit du Maître à s'incarner et se manifester en lui. C'est pourquoi, au lieu de rester fixé sur le corps de Jésus cloué sur une croix, un chrétien doit avoir pour unique préoccupation de se préparer à devenir une parcelle purifiée et lumineuse de ce corps collectif que l'esprit du Christ travaille à animer. Il y a deux mille ans Jésus est mort crucifié, c'est un fait, on ne peut pas revenir là-dessus, mais c'est à nous maintenant de renforcer le corps du Christ pour que son esprit continue à travailler sur la terre.

30 septembre

*L*a véritable religion enseigne que les humains doivent se rapprocher de la lumière, de la chaleur et de la vie du soleil, c'est-à-dire rechercher la sagesse qui éclaire et résout les problèmes, l'amour désintéressé qui embellit, encourage et console, la vie subtile et spirituelle qui rend actif, dynamique et audacieux, afin de réaliser sur la terre le Royaume de Dieu et sa Justice. Voilà pourquoi personne ne peut combattre cette religion ; si on essaie de la détruire, on se détruit soi-même, parce qu'on se limite.

Quand cette compréhension d'une religion universelle pénétrera les esprits, c'est toute l'organisation de la vie qui deviendra universelle : il n'y aura plus de séparations entre les humains, plus de frontières, plus de guerres. Il faut que tous acceptent la religion et la fraternité universelles que nous enseigne le soleil. En connaissant le soleil dans ses manifestations sublimes de lumière, de chaleur et de vie, les humains s'approcheront de plus en plus de la Divinité, et la terre deviendra un jardin de paradis où tous les hommes vivront en frères.

1er octobre

Ce n'est pas le plaisir qui vous donnera le bonheur, mais le travail. Oui, cela vous étonne ? Cela prouve que vous n'avez pas encore compris ce qu'est le vrai travail, sinon vous sauriez que c'est là que vous trouverez le bonheur.

Il n'est pas question que vous vous priviez de plaisir, mais simplement que vous ne le mettiez pas à la première place comme but de l'existence, car il vous affaiblit, il vous appauvrit : tout ce que vous êtes en train de vivre comme émotions, comme sensations, brûle peu à peu vos réserves.

Au lieu de prendre le plaisir comme but de l'existence, il faut se dire : « Ah, je dois faire de ma vie quelque chose de sensé, d'utile, de grand », et remplacer ainsi le plaisir par le travail. Remplacer le plaisir par le travail, c'est remplacer une activité ordinaire, égoïste, par une activité plus noble, plus généreuse, qui élargit notre conscience et déclenche en nous des possibilités nouvelles.

2 octobre

*V*ous n'obtiendrez des résultats dans le plan spirituel que si vous possédez les qualités et les vertus nécessaires pour soutenir votre travail. Prenons l'exemple des talismans. De plus en plus de personnes se servent de talismans qu'elles ont achetés dans une boutique et elles s'imaginent qu'il leur suffit de les porter ou de les placer quelque part chez elles pour être protégées et remporter des succès. C'est une erreur ! Même si c'est un talisman qui a été préparé pour vous par un grand Mage, si vous voulez qu'il continue à être efficace et puissant, il faut que ce soit vous qui l'animiez, qui le nourrissiez par vos pensées, vos sentiments, votre vie pure, sinon au bout de quelque temps il perd ses forces et il meurt. Aucun talisman ne dure éternellement, sa vie dépend des qualités de la personne qui le porte.

3 octobre

Un pays est comme un fleuve où se rencontrent pour un certain temps des âmes d'une grande diversité qu'un décret de la destinée a fait descendre là : certaines viennent déjà de ce pays, mais la plupart viennent d'ailleurs. C'est pourquoi quand certains, au nom de l'amour pour la patrie, se croient justifiés de mépriser d'autres pays ou même de les haïr, ils ne se doutent pas, les pauvres ignorants, que dans une autre incarnation ils ont été citoyens de ces pays et qu'ils tenaient les mêmes raisonnements stupides et bornés à l'égard de la patrie qu'ils veulent maintenant défendre !... Un pays n'est notre patrie que pour cette incarnation. Combien de Français ont détesté l'Allemagne ou l'Angleterre sans penser que dans une incarnation précédente, ils étaient Allemands ou Anglais et qu'ils avaient alors détesté la France. Cette loi est la même pour les pays du monde entier et elle vaut aussi pour les religions. Combien de catholiques ont haï et persécuté les protestants, sans imaginer une seconde que, dans une autre incarnation, ils avaient été eux-mêmes protestants. Et réciproquement.

4 octobre

*T*ant que vous n'avez pas la lumière de la Science initiatique, évidemment, vous pouvez vous trouver au point, impeccable, parfait. Mais le jour où vous recevez cette lumière, vous êtes moins fier car vous êtes obligé de vous rendre compte que ce n'est pas si fameux que ça : vous voyez que vous avez perdu votre temps et gâché vos forces dans toutes sortes d'activités inutiles ou nuisibles. Parfois même vous êtes tellement épouvanté que vous n'avez envie que de retourner dans l'obscurité. Eh bien, non, il faut rester dans la lumière, car la lumière est quand même préférable. Il vaut mieux se voir sale et laid que d'être aveugle sur soi-même, car c'est le seul moyen d'avoir envie de se transformer. « Oui, mais on va souffrir ! » Tant pis, il vaut mieux souffrir un peu et être dans la lumière. Cela ne sert jamais à rien de se cacher la réalité.

5 octobre

*T*ous les humains, quels qu'ils soient, cherchent Dieu, mais sans savoir qu'ils Le cherchent. Ils se disent seulement qu'ils cherchent le bonheur. Mais qui ne le cherche pas ? Dieu est partout dans l'univers, Il est caché dans tout ce qui suscite notre désir. Les ambitieux, les ivrognes, les gourmands, les cupides, les débauchés, eux aussi à leur manière cherchent Dieu, car effectivement on peut aussi trouver une minuscule parcelle de Lui dans l'alcool, la nourriture, la sexualité, l'argent, la gloire, le pouvoir… Dieu, on peut Le trouver partout, même dans les marécages, même dans la pierre où sa présence est comme une étincelle enfouie. Mais, bien sûr, on ne goûtera là qu'une satisfaction momentanée, car ce n'est pas dans les couches épaisses, dans les formes inférieures de la matière que l'on peut réellement trouver Dieu, mais dans l'esprit.

6 octobre

Comment se développe une courge ? Elle est d'abord suspendue par une toute petite tige que vous pouvez facilement casser. Mais au fur et à mesure que la courge grossit, la petite tige se renforce au point de résister à un poids de plusieurs dizaines de kilos. Eh bien, réfléchissez à cet exemple pour votre travail de disciple. N'essayez pas de capter les courants et les vibrations du monde spirituel qui sont d'une grande intensité sans avoir préalablement construit en vous quelque chose de solide qui vous permettra de résister à toutes les tensions. Certains qui veulent tout apprendre d'un seul coup, développer toutes leurs facultés d'un seul coup, se préparent des troubles graves, la folie même. Comme cet homme à qui le docteur avait ordonné un médicament dont il devait prendre quelques gouttes tous les jours pendant un mois. « Un mois, mais c'est trop long ! » s'est dit le malade ; il a donc absorbé tout le contenu du flacon le même jour, et il est mort. Eh non, il faut s'y prendre posément, patiemment, régulièrement et à ce moment-là le système nerveux, qui arrive à se renforcer, devient capable de résister aux plus grandes tensions.

7 octobre

Deux fois, trois fois, quatre fois par jour, nous nous réunissons pour méditer, prier, chanter ensemble... Ce sont des moments merveilleux, les meilleurs de notre existence. Mais il y a peut-être encore une chose qui manque : toutes ces énergies, tous ces élans n'ont pas reçu une détermination, une adresse. Quand vous voulez envoyer une lettre, si vous n'écrivez pas l'adresse, elle n'arrivera jamais. Vous devez mettre une adresse, et à ce moment-là, même si vous perdez la lettre dans la rue, quelqu'un la trouvera et la mettra à la boîte. De la même façon, les énergies spirituelles que nous projetons doivent avoir une adresse, elles doivent être concentrées et dirigées vers un but, sinon elles rentrent dans le grand réservoir cosmique où elles s'éparpillent sans produire de grands résultats.

Dans le plan intellectuel, dans le plan affectif, dans le plan physique, tous ont une activité ; mais cette activité est éparpillée, elle n'est pas concentrée dans une direction, c'est pourquoi elle n'a pas beaucoup d'effets. Pour obtenir des résultats, il n'y a qu'un moyen : la concentration des énergies vers un but.

8 octobre

*L*e nombre quatre est le nombre de la purification, et puisqu'il est le nombre de la purification, il est aussi celui de la souffrance, car la souffrance est souvent le seul moyen de purification. Lorsque vous souffrez, c'est que le Ciel vous fait passer à travers les mailles d'un tamis.

Le nombre quatre est celui de la pureté, de la souffrance et de la limitation : celui de la limitation dans le plan physique (regardez combien la figure du carré donne une impression de clôture, d'enfermement, d'emprisonnement même), celui de la souffrance dans le plan astral, et celui de la pureté dans le plan mental. Dans cette prison qu'est notre corps physique, nous sommes enfermés et nous souffrons, mais nous souffrons pour être purifiés ; une fois purs, nous serons libres, nous sortirons de la prison.

9 octobre

Les savants font des recherches dans leurs laboratoires, et c'est très bien, mais pour cela ils abandonnent les laboratoires intérieurs que la nature a placés en eux et dans lesquels ils pourraient réaliser des phénomènes aussi prodigieux que ceux qu'ils arrivent à réaliser dans le plan physique. Pourquoi toute la splendeur doit-elle être en dehors de l'homme et pas en lui ? Combien de gens vous diront : « Venez voir mes ateliers, mon garage, mon usine… » Mais ils ne vous diront jamais : « Venez voir ce qui est en moi », car ils savent qu'en eux se trouvent tous les désordres, toutes les passions déchaînées, et ce n'est pas beau à voir, vous ne seriez pas émerveillé.

10 octobre

*L*es ennemis sont parfois plus utiles que les amis. Oui, si vous comprenez bien les choses, vous verrez que ce sont eux vos véritables amis. Car ils sont impitoyables, ils ne vous épargneront rien, ils souligneront tout ce qui ne va pas. Vous direz : « Mais souvent ils exagèrent ! » Oui, c'est vrai, mais ça ne fait rien, ils vous servent de microscopes, et c'est très utile parfois, les microscopes ; les scientifiques s'en servent tous les jours. Cela permet de voir des détails qui, sans cela, passeraient inaperçus.

Donc, si vous voulez vraiment votre avancement, vous devez accepter l'idée que vos ennemis sont souvent plus utiles que vos amis. C'est eux qui vous obligent à travailler, à vous corriger, à trouver des solutions aux problèmes qu'ils vous posent, et ainsi, grâce à eux, vous devenez plus fort, plus intelligent.

11 octobre

*T*ant que vous vous croirez séparé des autres vous ne les connaîtrez pas. Pour connaître les êtres, vous devez sentir qu'ils vivent en vous, c'est ainsi qu'un lien sera établi qui vous permettra de savoir ce qu'ils éprouvent. Il arrive que quelqu'un souffre auprès de vous, et vous ne vous en doutez même pas parce que la communication est rompue. Mais regardez la mère : même éloignée de son enfant, s'il souffre, elle le sent, parce qu'elle reste en communication avec lui.

Vous devez fonder votre existence sur l'idée d'unité. Quand vous aurez placé cette idée comme base de vos relations avec les autres, tout s'éclaircira, vous aurez une meilleure compréhension des êtres et vous pourrez même devenir clairvoyant.

12 octobre

*V*ous avez un haut idéal et vous voyez que vous ne parvenez pas à le réaliser, c'est trop difficile, vous ne vous sentez pas à la hauteur. Vous vous dites alors : « Cela ne vaut pas la peine de continuer, je suis bête de m'obstiner, j'ai perdu des années à nourrir un idéal irréalisable. Je suis ridicule aux yeux de tout le monde. Autour de moi, tous ont réussi et vivent dans le bien-être matériel, je suis le seul à attendre le résultat de mes efforts ; désormais c'est fini, je renonce. » À ce moment-là vous coupez le lien avec le Ciel et c'est stupide ; jamais, malgré vos lacunes et vos insuffisances, vous ne devez abandonner votre idéal. Combien d'hommes de valeur ont arrêté leurs travaux sans savoir que, s'ils avaient persévéré, ils auraient atteint leur but.

13 octobre

*U*n véritable Maître vous présente toutes les méthodes utiles à votre avancement spirituel, mais c'est vous qui devez faire le travail pour obtenir des résultats. Il ne le fera pas à votre place, cela ne servirait d'ailleurs à rien. Pour se maintenir, une acquisition spirituelle, un don psychique doivent être entretenus en vous par vos efforts, votre travail. Donc, un Maître peut vous ouvrir des portes, mais c'est vous qui devez entrer, il ne vous poussera pas de force, et ce n'est qu'après avoir vu que vous avancez qu'il vous ouvrira de nouvelles portes. Chaque fois que le Maître voit que vous faites des progrès, il vous présente un degré supérieur, et c'est vous qui devez franchir ce nouveau degré. Donc, cessez d'attendre que quelqu'un, d'un seul coup, en posant sa main sur vous, ou en prononçant quelques formules magiques, vous donne l'illumination. Personne, pas même votre Maître qui est près de vous, ne le fera. Même s'il le voulait il ne le pourrait pas, car cela est contraire aux lois mêmes de la vie.

14 octobre

Quand on étudie l'être humain, on constate qu'il existe en lui certaines tendances profondément enracinées que rien ne peut extirper, alors que d'autres tendances doivent être sans cesse encouragées par des conseils, par la lecture, par la prière, pour ne pas disparaître complètement.

Quand il s'agit par exemple de la faim, de la soif, du sommeil, du besoin de posséder, de goûter certains plaisirs, il n'est pas nécessaire que quelqu'un vienne vous les rappeler, ils sont déjà là si fortement ancrés que, même si vous le vouliez, vous ne pourriez pas vous en débarrasser. Mais quand il s'agit de raisonner, de se montrer sage, prévoyant, ou de manifester des qualités de désintéressement, de générosité, là vous avez besoin d'être stimulé. Il y a donc quelque chose en l'homme qui est là, solidement ancré, et autre chose qui est beaucoup plus fragile et qu'il faut toujours pousser et encourager.

15 octobre

Quand une femme attend un enfant, des entités ténébreuses du monde invisible cherchent en elle une porte ouverte pour entrer et s'installer dans l'enfant, et c'est la conduite de cette future mère qui leur ouvre ou leur ferme les portes. C'est pourquoi, quand une femme enceinte sent en elle des impulsions bizarres qu'elle n'avait jamais éprouvées auparavant, il faut qu'elle sache que c'est déjà la preuve que des entités malfaisantes tournent autour d'elle pour essayer de l'influencer. Si elle ne leur résiste pas, ces entités entreront dans l'enfant et toute sa vie ensuite elles le visiteront pour manger et boire à ses dépens. La mère doit donc être très vigilante et avoir les « clés », c'est-à-dire des pensées de lumière et d'harmonie pour fermer ses portes et sauver son enfant.

16 octobre

*L*es pierres précieuses vibrent en harmonie avec l'Intelligence cosmique ; elles sont soumises, obéissantes, c'est pourquoi elles sont transparentes et laissent passer la lumière. Les autres pierres, qui sont opaques, s'opposent à la lumière, et puisqu'elle ne peut les traverser, la lumière les abandonne, elle les éclaire seulement à la surface. Mais la pierre précieuse a compris, et elle dit : « Il faut que je laisse passer la lumière à travers moi pour qu'elle puisse apparaître dans toute la richesse de ses nuances. Alors je serai aimée, appréciée, on s'occupera de moi, on ne me laissera pas salir, écraser par n'importe qui, je serai sur un collier, sur une couronne, toujours en vue, toujours dans la splendeur. » Voilà comment pense la pierre précieuse. Alors, à vous maintenant d'interpréter.

17 octobre

*D*epuis des années déjà, des astrologues, des ésotéristes parlent de la venue de l'ère du Verseau. Ceux qui ont plusieurs planètes dans le signe du Verseau sont particulièrement préparés à capter les nouvelles ondes qui viennent de cette constellation. Ce sont des novateurs, des inventeurs. Toutes les découvertes dans le domaine psychique et ésotérique, c'est aussi le Verseau qui en est la cause, et surtout l'idée de collectivité, de fraternité. Voilà pourquoi le monde entier va maintenant être obligé de se pencher sur cette idée de fraternité, d'universalité et de travailler avec elle.

18 octobre

Quel que soit le travail dont la Providence ou le destin vous a chargé, vous devez vous efforcer de l'accomplir le mieux possible. Si vous refusez de le faire ou si vous le faites négligemment sous prétexte que vous ne le trouvez pas digne de vous, vous vous arrêtez dans votre évolution, et plus tard vous serez obligé de revenir pour corriger, réparer. À ce moment-là vous constaterez combien il est difficile de recommencer un travail que l'on s'imaginait avoir achevé.

Si nous sommes sur la terre en train de souffrir et de nous débattre au milieu des difficultés, c'est justement parce que nous devons recommencer notre travail. Le Ciel nous a renvoyés pour réparer nos erreurs, pour nous montrer que nous ne savons pas travailler et que nous devons encore apprendre. C'est cela le sens de nos réincarnations successives. Si nous refusons de comprendre ces leçons, de nouveau on nous renverra et nos fautes deviendront de plus en plus difficiles à corriger.

19 octobre

Combien de gens se disent : « Ah, que c'est magnifique la Science initiatique, on sent qu'elle apporterait la solution de nos problèmes mais on n'a pas le temps d'étudier ni de faire des exercices : la famille, le travail, les relations… On est surchargé. » Et ils se sentent ainsi justifiés. En réalité, s'ils avaient de l'intuition, s'ils étaient des âmes très avancées, ils ne se seraient pas mis dans une situation qui les limite tellement. Du moment qu'ils se sont trop engagés, c'est qu'ils n'ont pas fait dans leurs précédentes incarnations l'évolution nécessaire qui leur permettrait de bénéficier maintenant de toute cette science formidable. Pourquoi, depuis leur enfance, certains se sont-ils préparés en sentant qu'ils devaient se garder libres pour servir un idéal ? C'est qu'ils avaient en eux des réminiscences du passé ou qu'avant de se réincarner ils ont fait une promesse aux entités divines. Les autres se croient toujours justifiés de se laisser enfoncer dans la matière. Ils disent : « Que veux-tu, mon vieux, c'est comme ça, c'est la vie ! » Non, la vie est ce qu'on la fait, et si certains sont tellement pris par leurs affaires, c'est qu'intérieurement ils n'ont pas su se libérer.

20 octobre

Quand on n'est pas de taille à les assumer, même les meilleures charges sont écrasantes. Pour supporter seulement le poids du savoir il faut un cerveau préparé, sinon on succombe. Donc, au lieu de souhaiter toujours le savoir, souhaitez la lumière car elle ne pèse pas ; la lumière est au-dessus du savoir et elle vous apporte aussi le savoir. De même que le soleil éclaire les objets, les rayons que vous projetez par votre esprit sur les objets du monde invisible les rend visibles. C'est ainsi que vous pouvez explorer progressivement le monde psychique, et le cerveau a aussi le temps de se renforcer. Alors que s'il doit recevoir brusquement une grande quantité de connaissances, le cerveau est comme un plancher qu'un poids trop lourd finit par faire s'effondrer.

21 octobre

Jésus disait : *« Je suis le chemin, la vérité et la vie. »* Pour un Initié cette image est claire, c'est celle d'une rivière qui descend de la montagne. « Le chemin, la vérité, la vie » : le chemin est le lit de la rivière ; la vie est l'eau qui coule dans ce lit, et la vérité est la Source d'où jaillit la vie. Maintenant traduisons encore : le chemin par où s'écoule la vie et qui nous permet de remonter à la Source, c'est la sagesse. Et la vie, c'est-à-dire l'eau qui arrose les pierres, les plantes, qui abreuve les animaux et les hommes, c'est l'amour. Voilà donc ce que voulait dire Jésus : je suis le chemin de la sagesse, je suis l'amour qui fait naître la vie divine, et je suis la source de la vérité d'où jaillit cette vie. L'eau est le symbole de la vie, de l'amour. Toutes les énergies, toutes les forces qui circulent dans la nature sont représentées comme une eau, un fluide qui arrose, qui abreuve, qui maintient la vie. L'image de la source et du fleuve a sa correspondance dans la vie spirituelle, et c'est cela justement notre Enseignement qui est basé sur l'amour (l'eau), la sagesse (le lit du fleuve), et la vérité (la source). Chaque jour vous pouvez faire cet exercice de boire par la pensée à ce fleuve qui vient des sommets, de vous abreuver à la source limpide, pure de l'amour.

22 octobre

*T*out le monde écoute de la musique, mais peu de personnes savent comment l'écouter pour déclencher en eux des centres spirituels, pour se projeter dans l'espace, s'élever, s'ennoblir, se purifier ou même résoudre des problèmes. En écoutant une œuvre, il faut tout d'abord savoir ce qu'elle représente, si c'est une force bonne ou mauvaise, et à quoi elle peut être comparée : est-elle semblable au vent, au tonnerre, est-elle comme un torrent qui se précipite de la montagne, de l'électricité, de la chaleur ?... Quelle que soit la force émise, il faut savoir l'utiliser. Si c'est le vent, imaginez que vous naviguez sur une barque toutes voiles déployées. Si c'est l'électricité, vous pouvez mettre des appareils spirituels en mouvement, etc. La musique est une force. Chaque son produit des vibrations qui selon leur nature déclenchent en l'homme des impulsions dont il doit apprendre à se servir.

23 octobre

Peut-être que dans la société on arrive à s'emparer de la première place en réclamant, en tapant, en éliminant les autres, mais dans le monde spirituel on ne peut arriver que par un travail assidu, constant. À ce moment-là, oui, on s'élève et on s'impose aux forces inférieures ainsi qu'aux forces de la nature, et un jour on devient une divinité. Dans le plan physique, les humains tâchent de bousculer les autres et de les faire tomber pour prendre leur place, et souvent ils y arrivent. Mais qu'ils sachent que ce n'est pas ainsi qu'ils peuvent évoluer et que même ces succès qu'ils ont réussi à remporter ne dureront pas. Car il existe une loi d'après laquelle les humains ne peuvent recevoir que ce qu'ils méritent. C'est une loi universelle, une loi promulguée par les Vingt-quatre Vieillards. Oui, les forces de la nature qui savent ce que vous faites, qui savent de quoi vous êtes digne et capable, arrangent les choses pour que tôt ou tard vous ayez exactement ce que vous méritez.

24 octobre

*L*a victoire sur notre nature inférieure est toujours incertaine. C'est exactement comme un pays qui a remporté la victoire sur un autre : on n'est jamais sûr que ça durera. Car un beau jour, pendant que le vainqueur s'endort sur ses lauriers, le pays vaincu va chercher à prendre sa revanche. Il en est de même avec la nature inférieure : même si dans quelques circonstances, vous êtes arrivé à vaincre certaines de ses manifestations, la victoire n'est jamais définitivement assurée ; à un moment ou à un autre, elle peut se redresser, donner des ruades… et vous voilà par terre. Que faut-il donc faire ? Supplier votre nature divine, le principe christique, de venir s'installer en vous. Ainsi, au lieu d'être toujours comme un vainqueur qui n'est jamais sûr de sa victoire, vous avez un associé puissant sur lequel vous pouvez compter. Et même si parfois vous êtes un peu fatigué, un peu endormi, il continue, lui, à tenir la nature inférieure en échec.

25 octobre

Supposons que le disciple ait remporté quelques victoires sur sa paresse, sa colère, sa jalousie, sa sensualité, etc. S'il se dit : « Que je suis fort ! J'ai vaincu les tentations », c'est à ce moment-là qu'il est en danger, parce que c'est à ce moment-là qu'on lui prépare des pièges d'une telle subtilité qu'il va tomber dedans, ça, il n'y a pas de doute. Parce qu'il n'est pas humble, et qu'il se leurre sur les petits résultats obtenus, il ne connaît pas encore toutes les ruses de sa nature inférieure. C'est quand il est le plus sûr de lui-même que sa nature inférieure reprend le dessus et lui prépare quelques surprises. Un véritable disciple est conscient des dangers, et c'est quand il a remporté quelques victoires qu'il commence à s'inquiéter un peu ; il se dit : « Qu'est-ce qui m'attend maintenant ? Il ne faut pas que je triomphe, c'est trop tôt ! » Et non seulement il est vigilant, mais il sait qu'il ne peut pas lutter lui-même, compter exclusivement sur lui-même ; il supplie le Seigneur de venir s'installer en lui pour lui donner les possibilités de vaincre.

26 octobre

*L*es vérités exprimées dans les Livres sacrés ont été vécues par des esprits exceptionnels. Pour les comprendre, il faut pouvoir s'élever jusqu'à eux, vibrer à la même longueur d'onde qu'eux et surtout avoir la même façon de vivre. Tout est dans la façon de vivre ; c'est elle qui a permis aux prophètes, aux grands Maîtres, de s'approcher de la Divinité, c'est elle que vous devez adopter pour la comprendre à votre tour, il n'y a pas d'autre méthode. Ne vous inquiétez pas de ne pas comprendre tout de suite la Bible ou d'autres Livres sacrés, car il y a des choses difficiles ; lisez sans vous troubler, et élevez-vous par la pensée en demandant que votre vie soit changée, que l'Esprit vienne vous éclairer. Jésus disait à ses disciples : « J'ai encore beaucoup de choses à vous dire, mais vous ne pouvez pas les porter maintenant. Quand le Consolateur, l'Esprit de vérité, sera venu, il vous conduira dans toute la vérité. » En dehors de ce contact avec l'Esprit, aucune véritable compréhension n'est possible.

27 octobre

Il ne suffit pas de comprendre les choses intellectuellement et d'exposer brillamment ce que vous avez compris ; il faut que cette compréhension se manifeste dans votre existence quotidienne. Ce n'est pas seulement par vos paroles, c'est par vos actes, vos gestes, votre attitude dans chaque circonstance de la vie que vous devez témoigner de votre compréhension. Pour le moment ce sont encore les savants, les lettrés, les érudits qui sont à la première place, parce qu'ils parlent et écrivent bien. Mais dans l'avenir cela changera, et c'est devant ceux qui, ayant travaillé sur les qualités de bonté, de pureté, d'intégrité, de noblesse, sauront les manifester dans leur vie, que le monde entier viendra s'incliner. C'est pourquoi sachez très peu, mais devenez maître de vous-même : alors là, même la nature sera devant vous, obéissante ; elle vous écoutera, vous appréciera.

28 octobre

Même s'ils demandent au Ciel de les éclairer, tous ceux qui ne travaillent pas véritablement à transformer leur façon de vivre, ne peuvent pas recevoir une réponse correcte. Pourquoi ? Parce que la réponse du Ciel, en passant à travers toutes les couches impures qu'ils ont accumulées en eux, subit une déformation. C'est exactement comme lorsqu'on plonge un bâton dans l'eau : il apparaît brisé. Oui, même les conseils du monde divin, en traversant un milieu qui n'est pas convenablement préparé, arrivent déformés. Pour recevoir du Ciel des réponses claires, limpides et véridiques, il faut faire des efforts pour se purifier, se dépouiller, s'ennoblir. Sinon, il y a tellement de risques d'erreurs qu'il vaut mieux ne pas même écouter ce que l'on reçoit. Beaucoup d'êtres ont quelques dons de médiumnité, de clairvoyance, et c'est vrai qu'ils captent des éléments du monde invisible, mais ce sont des éléments très mélangés auxquels il vaut mieux ne pas se fier. Seules la pureté, la noblesse, l'harmonie qui émanent d'un être peuvent témoigner de l'authenticité de son intuition.

29 octobre

On dit aux jeunes : « Dépêchez-vous d'en profiter, car la jeunesse ne dure pas longtemps. » C'est vrai, bien sûr, mais dans quelles conditions ? Eh bien, justement, quand on écoute ces conseils pernicieux et qu'on se dépêche de s'amuser et de goûter à tous les plaisirs ! On se flétrit vite et quand on n'est plus aussi agréable et vivant, on est rejeté, c'est normal. Alors, évidemment, puisque les faits sont là, les gens en tirent des conclusions. Oui, mais si les faits sont ce qu'ils sont, c'est parce qu'on n'a pas su préalablement bien observer et bien raisonner.

Alors, voilà ce que moi je dirai à la jeunesse : si vous travaillez pour la lumière, pour un haut idéal, plus vous vieillirez, plus vous deviendrez vivant, expressif ; vous acquerrez même une vie et une expressivité que vous n'aviez pas durant votre jeunesse. Bien sûr, vous serez un peu plus voûté, vous aurez un peu plus de rides, de cheveux blancs, mais ne vous arrêtez pas à ça : laissez le corps vieillir tranquillement et pensez que l'âme peut encore se manifester à travers lui avec une jeunesse extraordinaire.

30 octobre

Il est dit dans les Psaumes : « *Je marcherai devant l'Éternel sur la terre des Vivants.* » La terre des Vivants, c'est le soleil où demeurent les êtres les plus nobles et les plus lumineux, tellement lumineux et rayonnants que cette lumière qui parcourt l'espace, c'est leurs vibrations, leurs émanations. La lumière qui éclaire les planètes ne vient pas du soleil lui-même, mais des habitants du soleil. Le soleil est une terre fertile et cultivée où s'épanouit toute une civilisation qui est l'œuvre d'entités sublimes. Ce sont ces entités qui projettent toute cette lumière vivifiante qui vient jusqu'à nous. Voilà ce que les savants découvriront un jour.

31 octobre

***V**ous vous sentez triste et malheureux, vous vous plaignez qu'on vous laisse seul, que personne ne vous aime… Eh bien, sachez que c'est parce que vous ne savez pas donner des fruits. Regardez les arbres : pendant l'hiver ils sont noirs, sombres, et personne ne les visite. Mais quand ils ont des fleurs et des fruits, les promeneurs, les enfants, les amoureux vont souvent auprès d'eux. Il ne faut donc pas s'étonner si certains êtres sont seuls et que personne n'aille les visiter, c'est la conséquence de leur mentalité déplorable : ils ont trouvé qu'il était plus sage de ne jamais produire de fruits… cela leur évitait du travail !

La majorité des gens ont cette mentalité-là ; mais tant qu'ils resteront sans fleur, sans fruit, sans parfum, ils seront dans la misère, extérieurement et intérieurement. Pourquoi n'ont-ils pas travaillé pour donner quelque chose ? Quand on donne, on n'est pas seul. Nous devons tous fleurir et donner des fruits, c'est le meilleur moyen de sortir de toutes nos misères.

1er novembre

*O*n a souvent comparé Dieu à un feu, mais on ne sait pas grand-chose de ce feu, sauf qu'il est d'une intensité impossible à supporter. C'est le feu de l'Esprit pur : à son contact, toutes les formes se fondent et s'anéantissent. Tous ceux qui ont reçu le baiser de ce feu se sont fondus en lui dans une même flamme. Beaucoup de spiritualistes ont écrit des livres très compliqués sur les expériences des mystiques. En réalité c'est très simple. L'expérience des mystiques est l'expérience du feu, du feu sacré que l'homme alimente en lui, en y jetant chaque jour des morceaux de sa nature inférieure, exactement comme on jette du bois mort dans la cheminée. Regardez un feu brûler : tous ces morceaux de bois qui étaient jusque-là séparés, dispersés, il les réunit dans une même lumière, une même chaleur, et ils sont obligés de penser et de sentir comme lui, le feu.

2 novembre

***L**e moment où l'homme va quitter la terre pour l'autre monde est d'une importance capitale. C'est pourquoi l'Église, qui ne se préoccupe pas toujours d'assagir les humains pendant leur vie alors qu'ils commettent des péchés et des crimes, a institué ce qu'on appelle les derniers sacrements, l'extrême-onction, afin de préparer le chrétien au grand voyage qu'il va entreprendre. Le prêtre essaie de le ramener vers les questions essentielles : il lui explique qu'il est temps de faire un retour sur sa vie, de retrouver au plus profond de lui-même sa foi dans le Créateur et de Lui demander pardon de ses péchés. A-t-il raison ? Oui, car il se conforme ainsi à une tradition extrêmement ancienne, même s'il n'en connaît pas la raison exacte. Ceux qui quittent le corps physique sans s'y être jamais préparés ni avoir cru en l'existence de Dieu et des autres mondes, souffrent beaucoup par la suite et errent dans les régions obscures de l'au-delà. C'est pourquoi il est très grave d'entretenir les gens dans l'erreur qu'il n'y a rien après la mort. Sous prétexte de les avoir libérés de croyances absurdes, on prépare souvent pour eux des épreuves encore plus terribles que celles qu'ils ont eues à affronter sur la terre.

3 novembre

L'amour est une énergie cosmique qui est répandue partout dans l'univers. On peut trouver l'amour dans la terre, dans l'eau, dans l'air, le soleil, les étoiles… On peut le trouver dans les pierres, les plantes, les animaux… Et on peut aussi le trouver chez les humains, bien sûr ; mais justement, pas seulement chez eux. C'est pourquoi vous ne devez pas vous sentir privé d'amour parce que vous n'avez pas un homme ou une femme à tenir dans vos bras. Ce n'est pas le corps, ce n'est pas la chair qui vous donnera l'amour, car l'amour ne se trouve pas là. L'amour peut se servir du corps physique comme support, mais lui, il est ailleurs : il est partout, c'est une lumière, un nectar, une ambroisie qui remplit l'espace.

4 novembre

*L*es gens s'imaginent qu'en cédant aux tentations, c'est eux-mêmes qu'ils satisfont. Pas du tout, c'est pour d'autres qu'ils travaillent. Malheureusement, ils ne s'en aperçoivent qu'à la fin, quand ils se sentent appauvris, affaiblis, vidés. À ce moment-là ils comprennent que toute leur vie, ils ont travaillé pour d'autres et non pour eux-mêmes, c'est-à-dire pour cette partie d'eux qui doit sans cesse s'enrichir, grandir, s'épanouir. Et quels sont ces « autres » ? Des entités ténébreuses du plan astral, qui viennent sans cesse se nourrir et s'enrichir à nos dépens ! Mais il existe aussi d'autres créatures du monde invisible, des créatures lumineuses pour lesquelles nous pouvons travailler sans cesser de gagner nous-mêmes, parce qu'à chacun de nos efforts pour les contenter et les satisfaire, c'est notre patrimoine, notre richesse, notre force qui augmentent.

5 novembre

L'être humain possède un corps physique, c'est entendu, mais ce n'est pas une raison pour s'arrêter à regarder seulement ses organes : l'estomac, les intestins, etc. Qu'est-ce que cela vous apportera ? Bien sûr, vous direz que l'estomac, les intestins ne vous intéressent pas, que vous recherchez la beauté chez les êtres, et que cette beauté, on peut la trouver dans le regard, le visage, les mains, etc. Oui, mais ne vous arrêtez pas là non plus, essayez d'aller plus loin, sinon vous vous exposez à des déceptions, car vous vous limitez à des détails purement matériels. Si vous voulez vous sentir sans arrêt inspiré et heureux, tâchez de vous réjouir de la présence et des émanations subtiles de tous les êtres qui vous entourent, en pensant qu'une divinité invisible demeure cachée en eux. Au-delà du corps physique d'un homme ou d'une femme, il y a tout ce qui émane de son âme, de son esprit, et c'est cela le plus important.

6 novembre

*L*es Initiés ne lisent pas tellement de livres écrits par les humains. Pour eux, le véritable livre est le grand Livre de la Nature Vivante, c'est sur ce Livre qu'ils sont sans cesse penchés pour en interpréter les symboles, les structures, les formes. Et le Livre de la Nature Vivante, ce n'est pas seulement l'inventaire des minéraux, des plantes, des insectes, des animaux, non, mais la vie tout entière chez toutes les créatures et dans tous les mondes. Ce n'est pas le côté extérieur de la nature qu'il s'agit de connaître, mais la vie dans son jaillissement, son écoulement, et ses correspondances subtiles d'un plan à l'autre de l'univers.

7 novembre

Si un Maître se permet d'instruire des disciples, c'est parce que, pendant des années et des années, et dans d'autres incarnations déjà, il a longuement travaillé sur lui-même. Vous aussi, un jour, vous pourrez instruire des disciples, mais quand ? Quand vous serez arrivé à vous dominer et à vous corriger de toutes vos faiblesses. En attendant, faites tout ce que vous pouvez pour vous améliorer, afin d'avoir la meilleure influence sur les personnes auxquelles vous avez affaire. Et cela concerne non seulement les instituteurs, les professeurs, les directeurs, les parents, mais aussi les patrons et tous les responsables quels qu'ils soient.

8 novembre

Il est normal que vous ayez des ambitions, que vous fassiez des projets… Mais attention, soyez vigilant, car ce sont vos aspirations qui déterminent votre avenir. Au moment où vous commencez à nourrir un projet, c'est comme si vous vous mettiez en route vers un lieu déterminé, et avant de parvenir au but, vous devez savoir que vous passerez nécessairement par certaines stations déterminées. C'est pourquoi il est très important de connaître les relations, les affinités que vos désirs ont avec tel ou tel aspect du monde physique et du monde psychique. Un projet, c'est déjà comme si vous mettiez votre train sur des rails, et si vous n'avez pas été lucide et vigilant au moment de la décision, ce train vous amènera souvent où vous ne pensiez pas, et surtout où vous ne souhaitiez pas aller. C'est ainsi qu'on trouve les ténèbres, les conflits et les tribulations, là où l'on croyait trouver la lumière, la paix et le bonheur.

9 novembre

Comment les hommes et les femmes s'y prennent-ils pour gagner l'amitié et l'amour les uns des autres ? Ils savent instinctivement qu'ils doivent user de paroles agréables, de compliments, offrir des cadeaux, etc., c'est-à-dire flatter la vanité. En faisant cela, ce n'est évidemment pas à la nature supérieure de la personne qu'ils s'adressent, mais à sa nature inférieure ; c'est elle qu'ils caressent, qu'ils nourrissent. Comment s'étonner ensuite si une relation née dans des conditions pareilles se poursuit au milieu des malentendus, des tensions, des affrontements ? Cet amour humain, trop humain, ne peut s'exprimer que d'une façon instinctive. Et cela durera jusqu'à ce que les hommes et les femmes apprennent à tenir compte de la nature supérieure qui est aussi en eux, à s'adresser à elle, afin de susciter des manifestations véritablement nobles et lumineuses.

Aimer un être, ce n'est pas vouloir l'attirer dans un but intéressé, mais chercher sans cesse à l'éclairer, à le renforcer, à le rendre de plus en plus conscient de sa prédestination divine.

10 novembre

*T*outes les créatures sont obligées de manger et de boire, mais ensuite elles doivent éliminer les déchets. Et que sont ces déchets ? Tous les éléments qui ne sont plus utiles à leur organisme. Pourtant ces éléments se trouvaient dans une nourriture et des boissons qui étaient bonnes, puisqu'elles leur ont permis de continuer à vivre. Oui, voilà un fait de la vie quotidienne sur lequel il vaut la peine de s'arrêter. Quelle que soit la qualité de la nourriture que nous mangeons, il y a des déchets à éliminer et ces déchets sont expédiés dans un endroit déterminé. Ce phénomène se retrouve dans tous les plans et à tous les niveaux de l'univers. C'est pourquoi on peut dire que l'Enfer avec ses habitants doit être considéré comme l'endroit où s'entassent les impuretés de toutes les créatures. Cet Enfer dont la chrétienté a tellement parlé depuis des siècles et qu'elle a dépeint sous les formes et les couleurs les plus fantastiques, est en réalité le réservoir où se déverse « le mal », c'est-à-dire les impuretés rejetées par toutes les créatures.

11 novembre

C'est un bonheur pour le disciple de rencontrer un Maître qui n'abusera jamais de son amour. Car grâce à cet amour il va avancer, s'enrichir. L'amour fait des miracles chez le disciple parce qu'il produit des échanges, une osmose entre son Maître et lui. Mais à condition, bien sûr, que ce soit un amour désintéressé. Combien de disciples disent qu'ils aiment leur Maître ! Ils l'aiment, c'est-à-dire qu'ils le harcèlent, ils le surchargent. Quelles bénédictions votre amour va-t-il vous apporter si vous ne savez pas comment aimer votre Maître ? Vous allez vous ronger parce que le Maître ne pourra répondre à vos exigences, et lui sera écrasé par les fardeaux dont vous le chargez. Eh bien, ce n'est pas cela, aimer. Tous les disciples qui prétendent aimer leur Maître, est-ce qu'ils ont pensé au moins une fois à lui apporter quelque chose de bon avec leur amour ? Eh non, toujours des fardeaux. Le véritable amour doit apporter à celui que vous aimez la lumière, la beauté, la paix. Et c'est à cette condition que cet amour vous fera vous aussi progresser.

12 *novembre*

*T*ous les spiritualistes qui gardent leur regard fixé au Ciel et méprisent la terre sous prétexte qu'elle est le lieu de la perdition et que le corps physique est un instrument du diable, n'ont rien compris. Ils s'effritent, se dessèchent, se momifient, on ne sent aucune vie en eux. Vous rencontrez ces personnes : elles sont soi-disant quelque part en haut, mais ici, il n'y a plus rien, et en haut il n'y a pas grand-chose non plus !

L'ère du Verseau qui vient apporte une autre philosophie. Le Verseau enseigne que l'homme doit regarder le Ciel, mais pas pour se détourner de la terre. Il doit regarder le Ciel pour en faire descendre tout ce qui est beau, pur, lumineux, éternel. Lui-même deviendra alors un miroir du Ciel, un conducteur du Ciel, un jardin, un verger, un soleil. Pourquoi faut-il que le Paradis soit seulement en haut, et ici, sur la terre, toujours la misère, la pauvreté et la laideur ? Non, désormais ce sera différent, c'est la beauté qui descendra sur la terre, et tout sera rayonnant : les pierres, les plantes, les animaux, les humains.

13 novembre

*L*orsque je critique les intellectuels et l'importance donnée aux études universitaires, ce n'est pas parce que je trouve les intellectuels tellement ridicules ou malfaisants, ni les études tellement inutiles ou nocives. Non, ce que je critique, c'est cette tendance à croire que les études et les travaux intellectuels représentent le summum de la connaissance et de la pensée. Comme s'il n'y avait rien au-delà ! Si l'Intelligence cosmique a donné un intellect à l'homme, c'est pour qu'il l'utilise, et qu'il l'utilise en faisant des recherches, des analyses, des mesures, des comparaisons. Mais l'intellect est un instrument insuffisant, le domaine que les humains peuvent explorer grâce à lui est limité, et même souvent contradictoire ; c'est pourquoi ils doivent poursuivre leurs investigations plus loin, dans le domaine de l'âme et de l'esprit, sinon ils se sentiront ballottés à droite et à gauche, toujours incertains, insatisfaits.

14 novembre

Quand vous rencontrez des femmes, des hommes, est-ce que vous cherchez d'abord à savoir s'ils ont un cœur et une intelligence solides, s'ils ont un idéal spirituel ? Non. Si vous êtes sincère, vous reconnaîtrez que tout cela ne compte pas tellement pour vous et que vous regardez plutôt s'ils ont un physique assez agréable pour vous donner envie de les embrasser, ou s'ils sont assez riches pour vous en faire profiter. Eh oui, c'est là l'attitude du monde entier. Mais maintenant, dans un enseignement spirituel, comprenez que c'est une attitude dont vous devez vous débarrasser, car c'est seulement avec ce qui est honnête, bon, sage et pur chez les êtres que l'on peut former une véritable fraternité et travailler. Que vont faire la beauté et la fortune si elles ne sont pas encore des servantes du monde divin ? Elles ne serviront qu'à soulever des passions qui détruiront la Fraternité. Et ne me comprenez pas mal. Je ne dis pas que la misère et la laideur sont seules souhaitables, je dis qu'il faut se garder des séductions que peuvent exercer sur vous l'argent et la beauté physique, car elles vous feront oublier des qualités beaucoup plus importantes pour ce que nous voulons construire ici.

15 novembre

Je vous ai toujours dit qu'il fallait prendre des leçons chez les amoureux. Un jeune garçon fait la connaissance d'une jeune fille. Mais ils ont dû se séparer, car elle habite très loin. Il ne peut donc plus la voir, mais depuis leur première rencontre elle est dans son cœur, dans son âme, il vit avec elle, et elle est sans cesse pour lui un lien avec le monde de la poésie, de la beauté, de l'inspiration. Eh bien, intérieurement, ce garçon fait déjà l'expérience du disciple, car une idée, une image, une pensée lui suffit ; il n'a pas besoin d'une présence physique pour être heureux, inspiré. C'est qu'en réalité l'idée que l'on se fait des choses et des êtres peut être plus puissante que les choses et les êtres eux-mêmes. Il faut connaître cette vérité et savoir l'utiliser, c'est très important pour votre perfectionnement spirituel.

16 novembre

*L*e mariage, le véritable mariage, est un phénomène cosmique : il se célèbre tout d'abord en haut, entre le Père céleste et son épouse, la Mère nature. Quant aux humains, qui sont à l'image de Dieu, ils répètent inconsciemment cet événement cosmique. Voilà une vérité que le christianisme est encore loin de comprendre ; les chrétiens présentent Dieu comme un célibataire. Eh non, c'est une erreur. L'homme, qui a été créé à l'image de Dieu, ne peut rien faire d'autre que ce que fait Dieu Lui-même. Si l'homme cherche une femme pour s'unir à elle et créer, c'est que Dieu a Lui aussi une épouse à laquelle Il s'unit pour créer. Cette épouse, c'est la Mère divine. Le christianisme n'accepte pas la Mère divine. Toutes les autres religions l'acceptent, excepté le christianisme. Mais ce christianisme-là n'est pas le véritable enseignement du Christ.

Les chrétiens pensent que cela diminue le Seigneur, de dire que Lui aussi est marié. Alors pourquoi a-t-Il permis aux hommes de le faire ? D'où ont-ils pris cette idée du mariage ? En réalité, tout ce qui se fait en haut, se fait aussi en bas.

17 novembre

*M*ême lorsqu'un malfaiteur a réussi à se mettre à l'abri, sa conscience est sans cesse visitée par des inquiétudes. Peut-être quelqu'un l'a-t-il vu, peut-être a-t-il laissé des indices qui permettront de l'identifier ? etc. Il a déclenché certains processus qui se reflètent maintenant sur sa conscience et il ne peut plus être tranquille. Donc, c'est clair, dès que vous commettez quelque malhonnêteté, votre paix est troublée, car votre conscience reçoit de tous les côtés des images inquiétantes. L'homme coupable qui veut apaiser sa conscience n'y arrive pas, car cela ne dépend pas de la conscience, qui ne fait que refléter la réalité de son comportement, mais de la dette qui reste inscrite. Tant que cet homme n'aura pas réparé ses fautes, sa conscience ne sera pas tranquille.

18 novembre

*A*vant de se marier, on a le droit de faire son choix, mais quand on est marié, on n'a pas le droit de changer quatre ou cinq fois de partenaire. Une fois marié, il faut être fidèle. De la même façon, avant de suivre un Maître, vous avez le droit de réfléchir, d'étudier la question, d'être méfiant même ; il est normal que vous vous demandiez si ce Maître correspond à votre mentalité, à vos aspirations, à votre idéal, si son enseignement convient à votre nature profonde. Mais quand vous vous êtes engagé auprès d'un Maître, il est très mauvais pour votre évolution de ne pas lui rester fidèle. Que voulez-vous construire intérieurement de solide et de stable en allant une fois d'un côté, une fois de l'autre, au gré de vos caprices ou de votre curiosité ? L'expérience spirituelle ne consiste pas en une série de rencontres que l'on fait une fois avec un Maître hindou, une autre fois avec un Maître soufi, une autre fois encore avec un Maître zen, etc. L'expérience spirituelle, c'est un sillon que l'on creuse en soi et que l'on ne cesse jamais d'approfondir. Or, que peut-on approfondir en changeant continuellement de guide ou d'orientation ?

19 novembre

*N*otre présent est le résultat de notre passé. C'est pourquoi nous n'avons presque aucun pouvoir sur le présent : il est la conséquence, la suite logique du passé. Les pensées, les sentiments, les désirs que nous avons eus dans nos incarnations antérieures, ont déclenché dans l'univers des forces et des puissances de même nature qui ont déterminé nos qualités, nos faiblesses et les événements de notre existence actuelle. C'est la raison pour laquelle il est presque impossible de changer, au cours de cette incarnation, ce qui a été ainsi déterminé par notre vie passée. La seule chose qui soit en notre pouvoir, c'est de préparer l'avenir. Et préparer l'avenir, c'est ce que les Initiés enseignent aux disciples qui viennent dans leurs écoles.

20 novembre

***L**a croix est un symbole que nous n'aurons jamais fini d'approfondir. Parmi bien d'autres interprétations, on peut y voir une représentation de l'être humain, synthèse des deux principes masculin (l'esprit et l'intellect) et féminin (l'âme et le cœur). L'union de ces deux principes produit un mouvement. Oui, quand on joint la pensée au sentiment, le mouvement, c'est-à-dire l'action, naît. Lorsque l'on met la croix en mouvement, elle engendre un cercle, le soleil ; et plus le mouvement est intense, plus le soleil devient lumineux. Le soleil réunit les deux principes, il est la croix en mouvement.

21 novembre

C'est le travail seulement qui compte, et quand le disciple a trouvé le véritable travail, il ne s'arrête plus. Je me souviens que le Maître Peter Deunov avait l'habitude de répéter ces trois mots : *« Rabota, rabota, rabota. Vrémé, vrémé, vrémé. Véra, véra, véra... »* C'est-à-dire : « Le travail, le travail, le travail. Le temps, le temps, le temps. La foi, la foi, la foi... » Jamais il ne m'a expliqué pourquoi il répétait ces trois mots, mais là aussi cela m'a beaucoup préoccupé et j'ai compris qu'il avait condensé dans ces trois mots toute une philosophie. Donc, voilà : le travail, mais aussi la foi qui est nécessaire pour l'entreprendre et le continuer, et surtout le temps. Il faut du temps. Il ne suffit pas de désirer ardemment quelque chose pour le réaliser rapidement. Eh oui, maintenant, je connais ce que c'est « vrémé ». Des années et des années sont passées et je vois que « vrémé » c'est quelque chose !

22 *novembre*

Étudiez les forces que vous avez l'habitude de considérer comme mauvaises et vous vous apercevrez qu'elles ne le sont peut-être pas autant que vous le croyez. Combien d'exemples nous montrent que ce qui est le mal pour les uns n'est pas obligatoirement le mal pour les autres ! Certains animaux résistent extraordinairement au feu, d'autres au froid, d'autres au poison, d'autres à l'absence de nourriture. D'autres ne meurent même pas quand on coupe leur corps en deux… Les idées que les hommes se sont forgées au sujet du mal sont des idées à eux, elles ne sont pas universellement valables. Ils ne peuvent pas savoir ce qu'est le mal tant qu'ils le jugent d'après leurs faiblesses ou leurs limitations. Quand ils se rapprocheront de la perfection, ils changeront d'opinion. Comme les Initiés qui, au-delà de cet aspect terrifiant du mal qui fait peur aux faibles, savent trouver en lui une force bénéfique ou même un ami.

23 novembre

*V*ous voudriez bien parfois résister à certaines tentations, car vous sentez que si vous ne résistez pas, vous allez être entraîné dans des aventures déplorables ; mais malgré votre souhait vous n'arrivez pas à vous dominer et vous succombez. Pourquoi ? Parce que vous n'avez pas développé en vous un amour pour quelque chose de plus beau, de plus grand, qui pourrait s'opposer à vos instincts. Si vous possédiez cet amour, c'est lui qui combattrait et vous permettrait de vaincre. La volonté seule n'est pas suffisante pour lutter ; à un moment ou à un autre, elle finit par capituler. Il ne suffit pas de dire : « Je ne me laisserai pas entraîner, je résisterai… » Pour résister à ce qui vous entraîne vers le bas, il faut être aidé par une force qui vous soulève vers un monde supérieur : un haut idéal.

24 novembre

*I*nterrogez un homme d'affaires qui a fait fortune : croyez-vous qu'il vous dira qu'il est heureux ? Rien n'est moins sûr. Il se plaindra qu'il est surmené, que sa femme profite de ses absences pour le tromper, que son fils est un incapable, ses ouvriers des paresseux, que ses actions ont baissé en bourse, qu'il va être ruiné par ses concurrents, etc. Vous allez l'écouter et, au bout d'un moment, vous vous sentirez aussi accablé que lui. Malgré toutes ses possessions, il ne pourra jamais vous faire sentir combien la vie est belle, car il vit avec la peur de perdre ceci, de perdre cela… Alors, vous voyez, non seulement il ne vous donnera rien puisqu'il a déjà peur, lui, de perdre ce qu'il possède, mais encore il va vous enlever votre paix, votre joie de vivre. Tandis qu'un homme qui a travaillé pour acquérir des richesses spirituelles croit que ces richesses sont inépuisables et que personne ne peut les lui enlever. Il sera donc toujours prêt à vous en faire bénéficier et, grâce à lui, dans quelque condition que vous soyez, vous aurez les meilleures méthodes, les meilleurs remèdes pour trouver l'équilibre, pour goûter la beauté et le sens de la vie.

25 novembre

Dans l'univers, la terre n'est pas considérée comme un lieu privilégié, et ce n'est donc pas un honneur de s'y trouver. La terre est une maison de correction où les humains sont envoyés pour faire… des stages de perfectionnement. Mais il n'en sera pas toujours ainsi, car la terre est aussi un vaste champ que des êtres innombrables labourent et travaillent sous la direction du Seigneur. Pour le moment, ce champ est encore en partie inculte, il faudra encore des siècles et des millénaires pour le rendre productif. Mais les conditions s'améliorent de plus en plus, et un jour la terre sera vraiment un jardin fleuri, un verger divin. Elle sera véritablement le Royaume de Dieu, habité par les enfants de l'amour et de la lumière. Depuis longtemps déjà, des milliards d'êtres travaillent, volontairement engagés dans un travail gigantesque dont très peu peuvent encore se faire une idée.

26 novembre

Dans notre vie quotidienne il est très difficile de faire le partage entre le bien et le mal, de savoir où commence l'un et où finit l'autre, car ils sont inextricablement mêlés. C'est pourquoi il est dit dans la Table d'Émeraude : « Tu sépareras le subtil (le bien) de l'épais (le mal), avec une grande industrie. » Le mal s'agrippe au bien pour y puiser des forces. Et le bien également s'accroche au mal pour se nourrir de lui, et cela lui est permis : la plante a le droit de puiser des éléments de la terre sur laquelle elle pousse, elle se conforme en cela aux lois de la création et de la vie. Mais le sol n'a pas le droit de puiser les forces de la plante.

27 novembre

Si les humains rencontrent tellement de difficultés et d'échecs, c'est parce qu'intérieurement ils sont divisés : le cœur tire dans une direction, l'intellect dans une autre, la volonté dans une troisième, l'estomac dans une quatrième, le sexe dans une cinquième… Il existe une histoire qui raconte comment l'aigle, le poisson, la taupe et l'écrevisse s'étaient réunis pour transporter un fardeau : la taupe tirait vers la terre, le poisson vers la rivière, l'aigle vers le ciel et l'écrevisse en arrière… Vous pouvez vous imaginer si ce fardeau a été bien transporté ! C'est exactement ce qui se passe la plupart du temps en l'homme, car rien n'est plus difficile que de faire l'unité de toutes les différentes tendances en soi pour les entraîner dans une direction unique. Il peut arriver de temps en temps qu'on y réussisse, mais si rarement ! Et pourtant, c'est cette unification de toutes les tendances qui donne à l'homme le véritable équilibre, la véritable puissance et la véritable paix.

28 novembre

On attend d'un disciple qu'il soit capable de comprendre et d'approfondir les notions élémentaires de la Science initiatique. Dans le passé, celui qui voulait être admis dans une École initiatique était soumis à des épreuves qui devaient révéler ses qualités psychiques. On l'enfermait par exemple dans une pièce après avoir mis devant lui une figure géométrique (cercle, carré, triangle…) et il devait l'interpréter. On le laissait là avec un peu d'eau et de nourriture, et quelques jours après, on lui demandait d'exposer le résultat de sa méditation. Suivant la manière dont il arrivait à interpréter la figure, on l'acceptait ou non dans l'École. Maintenant, les Écoles initiatiques sont ouvertes à tous, ce qui est d'un côté une bonne chose, car chacun, à son niveau, peut, s'il est sincère, trouver au moins une vérité qui lui permettra de progresser. Mais ceux qui ne cherchent pas à approfondir l'enseignement qu'ils reçoivent courent de grands dangers : ils mélangent tout et tombent dans les pires absurdités.

29 novembre

***L**e plan moral n'est pas séparé du plan physique, il est facile de le constater. Prenons l'exemple d'un alcoolique. C'était tout d'abord un homme cultivé, attentif, noble et généreux, rien ne lui manquait. Mais à partir du jour où il s'est mis à boire, ces qualités se sont peu à peu émoussées et ont même disparu ; il est devenu grossier, égoïste, brutal. Qu'est-ce qui a changé ? Justement le côté moral, le comportement. Tout cela s'est effrité à cause de l'excès de boisson. Prenons un autre exemple : un homme a la passion du jeu au point de finir par négliger ses obligations, ses devoirs envers sa femme, ses enfants. À l'origine, le jeu était une activité qui n'avait rien à voir avec la morale, et manipuler des cartes est tout à fait innocent, mais c'est finalement le domaine moral qui en a subi les répercussions. Comment ne pas voir les liaisons qui existent entre ces deux plans physique et moral ?

30 novembre

*I*nstinctivement, les humains agissent avec une grande sagesse : lorsque l'hiver approche, ils font des provisions de bois, de charbon, etc., et préparent des vêtements chauds pour résister au froid qui va venir. Malheureusement, ils sont bien moins prévoyants quand il s'agit d'affronter les hivers intérieurs. Là ils ne se préparent pas, et lorsqu'arrive la période sombre, ils ne savent que se plaindre et dire que la vie n'a aucun sens. Vous direz que les saisons de la vie intérieure ne reviennent pas avec la même régularité que dans la nature et qu'elles ne sont donc pas prévisibles. C'est vrai, mais il faut savoir que l'hiver revient nécessairement de temps à autre, et si vous apprenez à vous observer, vous découvrirez chaque fois en vous certains signes avant-coureurs. Donc, apprenez à vous observer et dès que vous sentez que cette période de froid et d'obscurité va venir, soyez vigilant. Préparez les éléments spirituels qui continueront à entretenir en vous le feu et la lumière. Jésus disait : « *Marchez pendant que vous avez la lumière, afin que les ténèbres ne vous surprennent point.* » Cela signifie : profitez des bonnes conditions pour avoir des armes le jour où vous devrez affronter les difficultés qui s'approchent.

1er décembre

Il est écrit qu'au jour du Jugement, une séparation sera faite entre les humains : les bons seront mis à la droite de Dieu pour prendre possession de son Royaume, et les mauvais seront placés à sa gauche pour être précipités dans le feu. Vous direz : « Mais quelle cruauté chez le Seigneur ! Il n'a aucune pitié ! » En réalité, le Seigneur voudrait bien que ce soit différent, que tous soient à son côté droit, c'est-à-dire dans la félicité et dans la plénitude. Mais il y a la Mère nature, et elle, elle ne connaît pas la pitié. Elle est juste et implacable, elle dit : « Je ne peux rien faire avec ces matériaux ternes et tordus. Allez, qu'ils soient renvoyés à l'usine pour être refondus ! » Et de ce qui sort après cette refonte elle fait des créations formidables : des perles, des étoiles, des mondes tout entiers. Il n'y a en elle aucune méchanceté.

Que fait le bijoutier ? Armé d'une loupe et d'autres instruments, il examine les pierres précieuses et il dit : « Ce diamant est parfait. Celui-là a quelques petites taches, il n'est pas de la première qualité », et il le met de côté, il fait un triage. Partout, dans tous les domaines, que ce soit les fruits de la terre ou les matières premières, les humains font un triage ; alors pourquoi la nature n'en ferait-elle pas autant avec les humains ?

2 *décembre*

*L*a nuit, pendant son sommeil, le véritable disciple quitte son corps et va rejoindre son Maître, auprès duquel il continue à s'instruire : il lit les livres les plus secrets dans les bibliothèques de l'univers, il assiste à des cérémonies grandioses… Et bien que le cerveau humain ne soit pas encore préparé pour conserver la mémoire de tels événements, il peut en garder quelques traces qui lui mettent dans le cœur une sensation si douce, si tranquille, qu'en s'éveillant il se dit : « Où ai-je été cette nuit ? Ce que j'ai vu était tellement beau !…» Il faut comprendre combien le sommeil devient sacré lorsqu'on s'endort pour partir dans ces écoles spirituelles, car c'est là que l'on reçoit la véritable initiation.

3 décembre

Il est impossible de se diriger et de travailler dans l'obscurité. De tous les points de vue et dans tous les domaines, la lumière doit être à la première place. Dans la vie quotidienne tout le monde l'a compris : dès que le soir tombe, on éclaire les rues et les maisons ; quand on se réveille la nuit, on allume la lumière ; s'il faut sortir dans l'obscurité, on prend une lampe de poche, et quand il y a une panne d'électricité, on allume les bougies. Mais quand il s'agit de conduire votre vie, que faites-vous ? Vous changez de situation ou de pays, vous quittez votre famille, vous entreprenez un travail, vous vous mariez, vous avez des enfants, sans allumer une lampe, sans demander la lumière. Et c'est pourquoi vous ne cessez de vous heurter aux gens et aux situations, de vous blesser et de blesser les autres. Alors, cherchez la lumière, demandez la lumière…

4 décembre

***V**ous ne serez heureux que lorsque vous aurez réussi à trouver la place qui est véritablement la vôtre. Vous direz : « La place ?.... De quelle place parlez-vous ? » Le mot place a là plusieurs significations : élément, pays, maison, métier, rôle, idéal… On voit souvent des gens aller à droite et à gauche sans jamais se fixer nulle part : ils ne sont pas arrivés à trouver leur place, ils n'ont pas de racines et ils sont malheureux. Ils ont besoin que quelqu'un vienne les placer dans un sol fertile où ils commenceront à germer. Jusque-là, ils sont semblables au grain qui attend dans un grenier le moment d'être semé. Lorsque la graine est mise dans une bonne terre, elle pousse et elle donne des fruits, elle dit : « Ça y est, j'ai trouvé ma place. » Cette place n'est pas le grenier où elle est menacée de moisir ou d'être grignotée par les souris : ce qu'il faut désormais à chacun, c'est être semé, planté dans la terre spirituelle.

5 décembre

Combien de gens s'imaginent qu'en suivant un enseignement spirituel, ils trouveront l'élixir de la vie immortelle, la panacée universelle, et qu'alors ils vivront à l'abri de la maladie, de la vieillesse et de la mort ! Malheureusement, ce sont des illusions. Même un saint, même un Initié, malgré ses connaissances, sa lumière, sa puissance, doit un jour quitter la terre. Ce n'est pas parce qu'on est dans la lumière qu'on ne doit jamais mourir. La lumière est une chose, la longévité en est une autre. La lumière est même d'accord pour vous enlever de la terre et vous emmener en haut dans la région qui est la sienne. Elle dit : « Mon vieux, pourquoi veux-tu rester tellement longtemps dans cet endroit obscur ? Moi, je suis pure, viens ici vivre avec moi. » Eh oui, c'est la lumière souvent qui attire les humains dans l'autre monde.

6 décembre

Si vous luttez contre l'instinct sexuel par votre seule volonté, vous serez brisé. Pour maîtriser la force sexuelle, il faut appeler les entités célestes, c'est-à-dire avoir un haut idéal, un amour formidable pour la perfection, pour la pureté, pour la beauté. Ce n'est donc pas facile, et toute une science est nécessaire pour y parvenir. Si vous n'avez pas de haut idéal, si vous ne voulez pas vivre la vie divine, la vie parfaite, ne luttez pas contre la force sexuelle, car c'est elle qui vous terrassera. Le refoulement n'est pas une solution au problème de la sexualité ; le refoulement n'est rien d'autre que de refuser à la force sexuelle son issue naturelle, sans avoir dans la tête une idée qui fasse un travail dans un plan supérieur. Seul un amour formidable pour un haut idéal vous aidera à sublimer vos énergies.

7 décembre

***P**arfois*, vous vous sentez fatigué et vous commencez à douter. Vous vous demandez si les efforts que vous faites pour marcher dans la voie du bien, du dépassement de soi, en valent la peine, et vous êtes tenté de tout abandonner. Eh bien, c'est à ce moment-là que vous devez être attentif et vigilant, en sachant ce qui vous attend si vous retournez en arrière. Dites-vous : « Bon, en ce moment je suis un peu fatigué, je n'ai plus envie d'avancer, mais ça va bientôt passer ; en attendant, je ne dois pas lâcher prise. »

Regardez comme tout passe dans la vie : après le printemps vient l'été, puis l'automne, puis l'hiver. Et de nouveau, après l'hiver, c'est le printemps. Alors pourquoi n'y aurait-il pas des cycles, des saisons en vous aussi ? Dites : « Bon, je vais laisser passer un peu cet hiver, et ça ira mieux après. » Voilà comment il faut raisonner, et surtout ne pas abandonner, car il est bien plus difficile ensuite de reprendre le chemin de la lumière.

8 décembre

Comment l'huître s'y prend-elle pour fabriquer une perle ? À l'origine, il y a un grain de sable qui est tombé dans sa coquille, et ce grain de sable est une difficulté pour elle, il l'irrite. « Ah, se dit-elle, comment m'en débarrasser ? Il me gratte, il me démange, que faire ? » Elle commence à réfléchir, elle se concentre… elle médite ! et un jour elle commence à sécréter une matière spéciale avec laquelle elle enveloppe ce grain de sable tellement irritant, de façon à ce qu'il devienne lisse, poli, velouté. Et quand elle a réussi, elle est contente, elle se dit : « J'ai vaincu une difficulté ! » Alors, voilà la leçon de l'huître perlière, elle vous apprend que vous pouvez envelopper vos ennuis, vos contrariétés d'une matière lumineuse, irisée, et ainsi vous amasserez des richesses inouïes au-dedans de vous. Le véritable spiritualiste est celui qui sait travailler sur ses difficultés pour en faire des perles précieuses.

9 décembre

*F*ondez votre existence sur vos propres efforts, ne comptez sur rien d'autre. Acceptez et utilisez tout ce que le monde extérieur vous offre de bon, mais ne comptez pas dessus. Car votre avenir véritable, c'est de parcourir toutes les régions de l'espace à travers les étoiles et les soleils, et vous ne pourrez emporter dans ce voyage que les richesses que vous aurez entassées au-dedans de vous. Vous devez apprendre sur quoi travailler et sur quoi compter. Tant que vous comptez sur des conditions ou des objets matériels, à un moment ou à un autre vous aurez des déceptions. Vous ne pouvez réellement compter que sur l'esprit, qui est pure activité, effort constant. Quant au reste, utilisez-le si vous l'avez, et remerciez le Ciel de vous l'avoir donné, mais ne comptez pas dessus.

10 décembre

*N*ous nous plaignons souvent que Dieu est cruel, qu'Il n'a ni amour, ni justice, mais c'est seulement nous qui ne sommes pas justes dans nos pensées. Nous croyons mériter toutes les joies et tous les succès, et s'il nous arrive quelques malheurs, nous pensons que c'est le Ciel qui nous envoie cela sans raison. Nous oublions que, chaque jour, Dieu nous donne la possibilité d'entendre, de voir, de respirer, de marcher, de sentir, de penser… Quelle ingratitude ! Au lieu d'importuner le Seigneur par des réclamations et des plaintes continuelles, nous devons songer chaque jour à la dette colossale que nous avons envers Lui… Sinon nous perdrons tout. Si nous n'apprécions pas la santé, nous tomberons malades. Si nous ne sommes pas reconnaissants d'avoir un cerveau, des yeux, des oreilles, nous deviendrons stupides, aveugles, sourds… Et lorsque nous aurons perdu une seule de ces richesses, nous commencerons à comprendre ce qu'elle représentait.

11 décembre

Quand vous invitez des amis chez vous, vous préparez votre maison, vous nettoyez, vous mettez de l'ordre, vous placez des bouquets de fleurs. Et quand vos amis arrivent, vous leur offrez ce que vous avez de meilleur pour qu'ils se sentent heureux, dilatés. Ce que vous faites ainsi avec vos amis, vous devez le faire dans le plan spirituel avec toutes les personnes que vous rencontrez, en leur préparant un accueil dans votre cœur et dans votre âme, avec les pensées et les sentiments les meilleurs. Quand les êtres humains arriveront à se manifester en sorte de n'éveiller que le meilleur côté chez les autres, ce sera le début de l'Âge d'Or sur la terre. Pourquoi ne pas commencer dès aujourd'hui à donner aux autres ce que vous avez de plus précieux ?

12 décembre

*M*ettez-vous devant un miroir et touchez votre sourcil droit avec votre main gauche ; dans la glace, vous verrez votre main droite toucher votre sourcil gauche. Le miroir est un objet très intéressant parce qu'il nous révèle certains aspects du monde invisible. Par rapport au plan physique, les objets dans le plan astral sont vus inversés, comme dans un miroir. Les chiffres, les dates, tout est à l'envers ; tel fait de l'avenir se présente comme passé, et inversement. C'est pourquoi le plan astral est le monde des illusions. Pour connaître la vérité, il faut donc aller encore au-delà, dans le plan mental supérieur ou plan causal. Et c'est ce que nous apprenons dans l'Enseignement.

Si vous parvenez à résoudre la question du miroir, vous résoudrez les plus grands problèmes de la vie psychique.

13 décembre

***V**ous devez prendre conscience des dangers qu'il y a à rester longtemps sous l'emprise de pensées, d'émotions et de sentiments négatifs. On ne peut éviter d'éprouver des déceptions, des chagrins, de l'irritation, mais il faut tout faire pour ne pas rester là, car on finit par être complètement ligoté, submergé. Vous devez profiter du laps de temps où il est encore facile de vous dégager ; mais ne restez pas à ce niveau à vous débattre, car vous n'êtes pas de taille à lutter. Se débattre dans l'obscurité n'a jamais fait jaillir la lumière : il faut sortir de cette situation. Si vous restez longtemps dans le mécontentement, la jalousie, la rancune, la colère, ce sont eux qui finiront par avoir le dessus et par vous détruire. Il faut tout de suite essayer d'échapper à ces états, aller plus haut et les remplacer par des pensées et des sentiments positifs, c'est ainsi que vous serez sauvé.

14 décembre

Commencez la journée en vous disant que vous allez vivre avec amour, manger, respirer avec amour. Vous pensez que vous savez tout cela… Non, vous ne le savez pas. Quand vous commencerez à comprendre vraiment, avec tout votre être, ce qu'est de vivre avec amour, toute votre vie sera changée. L'amour jaillira sans arrêt du matin au soir, et même quand vous dormirez.

Vivre avec amour, c'est vivre dans un état de conscience qui harmonise tous les actes de la vie, qui maintient l'être dans un parfait équilibre, un état de conscience qui est une source de joie, de force, de santé.

15 décembre

On considère en général la vieillesse comme une épreuve, et c'est vrai, pour la majorité des gens, elle est une épreuve, car ils n'ont pas vécu en harmonie avec les lois divines. Mais en réalité, la vieillesse peut être la meilleure période de la vie. Pour ceux qui pendant la jeunesse et l'âge mûr ont nourri un haut idéal, beaucoup de choses s'améliorent pendant la vieillesse : la compréhension, la lucidité... Comment expliquer cela ? On dirait que le cerveau ne suit pas la même évolution que le corps physique. Les jambes, les yeux, les oreilles commencent à vous trahir, mais la vie de l'âme et de l'esprit devient de plus en plus abondante et riche. Comme si on goûtait enfin les fruits de ses efforts. Donc, préparez-vous, pensez à vivre correctement tant que vous êtes jeune, pour pouvoir goûter plus tard de cette abondance de fruits.

16 décembre

*T*ous veulent être appréciés et reconnus pour ce qu'ils font, et s'ils ne le sont pas, ils sont déçus, aigris, ils se rongent. Eh bien, voilà une faiblesse dont le disciple doit se débarrasser. Du moment qu'il est conscient que son activité est bénéfique, désintéressée, lumineuse, et qu'il a confiance dans les lois cosmiques, il sait qu'un jour ou l'autre il recevra l'estime et la place qu'il mérite. S'il y a une chose à laquelle vous devez croire, c'est à l'existence de lois dans l'univers. Vous prononcez un mot, vous faites un geste, vous avez un désir, une pensée : aussitôt ils sont enregistrés, classés, et ils produisent des résultats. C'est sur ces lois qu'il faut compter, car tout peut changer autour de vous, sauf ces lois : elles vous enverront un jour ou l'autre exactement ce que vous méritez, d'après la façon dont vous aurez travaillé. Ne comptez donc sur rien d'autre que sur votre travail.

17 décembre

*L*orsque vous vous réveillez pendant la nuit et que vous voulez vous lever, votre première précaution est d'allumer la lumière. Du moment que vous y voyez clair, vous pouvez faire ce que vous voulez, tandis que si vous vous aventurez dans l'obscurité, vous allez vous heurter aux meubles, casser des objets, vous blesser, etc. Oui, mais dans la conduite de votre vie intérieure, vous n'avez pas compris cet enseignement de la lumière : vous avancez dans les ténèbres, symboliquement parlant ; c'est pourquoi vous n'arrivez pas à vous orienter et vous vous heurtez à droite et à gauche.

Il faut chercher la lumière, vous concentrer sur elle, la placer au-dessus de tous les trésors de la terre, et même la boire, la manger. Dès que vous avez un instant, fermez les yeux et concentrez-vous sur cette image de la lumière qui imprègne tout l'univers et apporte toutes les bénédictions.

18 décembre

*A*imez et l'on vous aimera. Donnez et l'on vous donnera. Et si vous désirez être éclairé, commencez par éclairer celui qui l'est moins que vous, parce qu'à ce moment-là, quelqu'un d'autre, qui a plus de lumière que vous, viendra vous donner la sienne. Jésus a dit : *« Ne faites pas aux autres ce que vous ne voudriez pas que l'on vous fasse. »* Mais on pourrait dire aussi : « Faites aux autres ce que vous voudriez que l'on vous fasse. » Car c'est une loi. En aidant les autres, vous attirez à vous un être qui vous aidera. Faites des efforts pour soutenir quelqu'un, pour l'encourager, et vous constaterez que la Volonté suprême viendra vous renforcer.

19 décembre

*L*a structure de l'homme, comme celle de l'univers, obéit à la loi de la hiérarchisation : plus on s'élève vers le sommet, plus la matière devient subtile, pure, éthérique. Pour obtenir les particules de cette matière éthérique, il faut donc s'élever, et nous le pouvons. Car de même qu'Il nous a donné les moyens d'avoir prise sur les régions denses de la matière, le Seigneur nous a aussi donné les moyens d'atteindre ses régions subtiles. La prière est un de ces moyens. Par la prière, nous pouvons parvenir jusque dans le monde de la pure lumière, où le Seigneur a placé les plus grands trésors. À tous ces trésors, nous pouvons puiser : du moment que nous avons pu nous hisser jusque là-haut, tout est à notre disposition et nous avons le droit de nous servir.

20 décembre

Si la nature inférieure en nous est aussi forte, c'est parce qu'au cours des siècles, elle a eu à affronter de grands obstacles qui l'ont obligée à se protéger par tous les moyens. Maintenant il est très difficile de la vaincre, et en tout cas, vous ne pouvez pas la vaincre par vos propres moyens. Si vous essayez de lutter seul contre votre nature inférieure, c'est toujours vous qui serez vaincu. Pour la dominer, il faut faire appel à des forces au-dessus de vous, c'est-à-dire à la Divinité, l'intelligence, la lumière, et vous accrocher à elles. N'ayez pas tellement confiance en vos capacités : la nature inférieure a dû développer tellement d'énergies pour survivre que maintenant elle tient tête à tout, elle ne s'incline que devant le monde divin. Si vous vous présentez devant elle sans les armes du Ciel, sans la lumière, elle ne vous reconnaît pas, elle dit : « Tu n'es pas mon dompteur ! » et elle se jette sur vous pour vous dévorer. Le dompteur, le vrai, c'est Dieu Lui-même, c'est Lui qui a tout créé, c'est donc Lui qui sait comment tenir ce monstre en respect.

21 décembre

*L*es actes que nous accomplissons le plus souvent appartiennent à l'existence quotidienne la plus ordinaire, et pourtant, nous pouvons apprendre à les transposer dans le plan spirituel pour atteindre ainsi les degrés supérieurs de la vie. Quand nous mangeons, par exemple, ce qui est essentiel dans la nourriture, ce ne sont pas les aliments eux-mêmes, mais l'énergie que ces aliments contiennent, la quintessence emprisonnée, car c'est là qu'est la vie. La matière de l'aliment n'est qu'un support. À travers cette matière, c'est la quintessence que nous devons chercher à atteindre afin de nourrir nos corps subtils. C'est une erreur de considérer que nous ne mangeons que pour nourrir notre corps physique ; nous mangeons aussi pour nourrir notre cœur, notre intellect, notre âme et notre esprit.

22 décembre

Si le moment de la mort est tellement important, c'est parce que l'incarnation suivante dépend beaucoup de ce dernier moment. L'attitude du mourant à cette heure-là agit dans l'autre monde jusqu'à sa réincarnation, prochaine.

Vous avez pu observer que l'état dans lequel vous vous endormez le soir agit sur vous pendant la nuit et influence votre réveil le lendemain. Si vous vous endormez dans un mauvais état, bien que vous ayez vécu une bonne journée, le lendemain vous vous réveillerez mal disposé. Et au contraire, si vous vous endormez avec de bonnes pensées et de bons sentiments, alors même que votre journée n'a pas été fameuse, ce dernier moment va tout réparer, éclaircir, et vous vous réveillerez le lendemain dans de meilleures dispositions. Ce sont les mêmes lois qui agissent d'une existence à l'autre.

23 décembre

Combien de fois m'a-t-on dit : « Vous nous parlez du Royaume de Dieu et de la fraternité universelle, mais dans les circonstances actuelles c'est une utopie, il est impossible de les réaliser. » Non, ce n'est pas impossible. C'est difficile, parce que les humains ne sont pas tellement prêts à abandonner la satisfaction de leurs désirs inférieurs pour se consacrer à la réalisation d'un idéal divin, mais ce n'est pas impossible. Il suffirait qu'au lieu de toujours prendre pour référence l'ordre terrestre, ils étudient l'ordre céleste afin de réaliser en bas ce qui est en haut. Lorsque les chrétiens commenceront à prendre au sérieux les paroles de Jésus dans la prière dominicale : *« Que ta volonté soit faite sur la terre comme au ciel »*, tout pourra changer. Il ne suffit pas de marmonner cette prière comme on le fait depuis deux mille ans. On balbutie inconsciemment : *« Que ta volonté soit faite sur la terre comme au ciel »*, et on continue à obéir seulement à la volonté humaine, égoïste et mal éclairée. Quand se décidera-t-on enfin à comprendre et à réaliser la volonté divine ?

24 décembre

Le feu mange l'arbre, et en le mangeant il le transforme, il le rend semblable à lui. L'arbre devient feu parce que le feu le mange. C'est une loi : chaque chose, chaque être, devient identique à celui qui le mange. Et nous aussi, si nous offrons tout notre être au feu de l'Amour divin afin qu'il vienne s'emparer de nous et nous dévorer, il nous rendra semblable à lui. Nous possédons intérieurement suffisamment de matériaux pour nourrir le feu divin pendant l'éternité. C'est pourquoi nous devons méditer sur le feu, en essayant de comprendre comment il travaille sur l'arbre pour le transformer en lumière et en chaleur, et nous deviendrons, nous aussi, des arbres de lumière.

25 décembre

Que fêtons-nous à Noël ? L'union de l'âme et de l'esprit. L'âme et l'esprit s'unissent pour mettre au monde un germe qui est le point de départ en nous d'une conscience nouvelle. Cette conscience se manifeste comme une lumière intérieure qui chasse les ténèbres… comme une chaleur tellement intense que, même si le monde entier nous abandonne, nous ne nous sentirons jamais seul… comme une vie abondante que nous faisons jaillir partout où nos pieds nous portent. Cette conscience s'accompagne d'un afflux d'énergies pures qui nous incite à travailler pour l'avènement du Royaume de Dieu. Dans ce travail nous découvrons la joie extraordinaire de nous sentir en liaison avec tout l'univers, avec toutes les âmes évoluées, de faire partie de cette immensité, et nous avons la certitude que rien ni personne ne peut nous enlever cette joie.

Dans l'Inde, on appelle cet état la conscience bouddhique, et chez les chrétiens on l'appelle la naissance du Christ.

26 décembre

***D**ans quelque domaine que ce soit, les joies et les plaisirs purement physiques, sensuels, entraînent à la longue l'émoussement de la sensibilité : il faut toujours plus de plaisirs et des sensations toujours plus fortes pour obtenir un peu de bonheur, et il devient donc de plus en plus difficile d'être heureux parce qu'on devient de plus en plus insensible. Celui qui fait des excès de nourriture et de boisson finit par perdre le goût ; celui qui accumule les expériences sexuelles devient vite blasé. C'est une loi qui se vérifie dans tous les domaines. Alors, diminuez un peu vos plaisirs, affinez-les, vous deviendrez de plus en plus sensible, et la moindre sensation vous procurera les plus grandes joies.

27 décembre

***P**arce* qu'ils ont décidé de s'approcher du Seigneur, de s'identifier à Lui, certains n'ont réussi qu'à se rendre insupportables, au point de se brouiller avec leur famille et leur entourage. Il faut que le monde entier sache qu'ils sont des divinités ! Et ce sont des heurts, des bagarres... Eh non, quand on s'exerce à s'approcher du Seigneur, à devenir une partie de Lui, il faut avoir plus de générosité et d'amour. Parce que Dieu est amour. Si votre recherche de Dieu vous pousse à écraser et massacrer les autres, c'est que vous n'avez rien compris. Pour vous approcher de Dieu, vous devez commencer par penser et sentir que tous les humains, comme le Seigneur, sont aussi en vous, qu'ils sont vous. À ce moment-là, au lieu de les combattre, de les tourmenter, et devenir vous-même un monstre, vous sentez leurs besoins, leurs soucis, leurs souffrances et vous êtes rempli du désir de les aider. Voilà comment on s'approche vraiment de la Divinité.

28 décembre

Communier, c'est faire des échanges, c'est-à-dire savoir à la fois recevoir et donner.

L'hostie peut apporter à celui qui la reçoit les plus grandes bénédictions, mais si en retour l'homme ne lui donne pas l'amour et le respect nécessaires, ce n'est pas une communion, mais un vol, un acte malhonnête. Et pour communier avec Dieu, il faut être aussi capable de Lui apporter quelque chose. Non pas que Dieu ait besoin de ce que nous Lui donnerons, Il est tellement riche ! Mais c'est nous qui, en essayant de Lui donner quelque chose de nous-mêmes, éveillons en nous certains centres spirituels grâce auxquels nous recevons ses bénédictions. S'il est dit que nous devons à Dieu l'amour, le respect, la reconnaissance, la fidélité, en fait c'est pour nous-mêmes.

29 décembre

*É*crivez sur une feuille de papier les meilleurs souhaits pour votre évolution, pour le bien de vos amis et du monde entier, et confiez-les à l'Ange du feu. Le feu est le messager de l'invisible, et dès l'instant où ces papiers sont brûlés, les entités en haut commencent à en prendre connaissance, à les étudier pour voir comment elles peuvent leur donner satisfaction. Bien sûr, il ne faut pas s'attendre à ce que ces demandes se réalisent du jour au lendemain. Mais si vous êtes patient, si vous continuez à faire des efforts, à travailler dans le sens des demandes que vous avez exprimées, vous les verrez se réaliser un jour ; car là où le feu participe, il y a toujours des résultats.

30 décembre

Jésus disait : *« Mon Père travaille, et moi aussi je travaille avec Lui. »* Très peu, même parmi les Initiés, peuvent prononcer une phrase pareille. « Je bricole… je peine… je me casse la tête… je fais des essais malheureux », voilà tout ce que peuvent dire la plupart des humains. Seul est digne de dire « je travaille », celui qui est parvenu à s'élever jusqu'à l'Esprit divin pour s'imprégner de Lui.

Depuis deux mille ans, on n'a pas encore sondé la profondeur de cette phrase : *« Mon Père travaille, et moi aussi je travaille avec Lui. »* Elle est donc restée comme ça, inutile, vide de sens. On ne s'est pas même demandé ce qu'était ce travail de Dieu, ni comment Il travaillait, ni pourquoi Jésus s'était associé à ce travail. Le travail du Christ, c'est de tout purifier, tout harmoniser, tout illuminer et faire converger toutes choses vers la Source divine, afin que l'eau de cette source puisse se répandre et vivifier la terre et toutes ses créatures.

31 décembre

Révisez tout ce que vous avez accepté jusqu'à maintenant comme connaissances, idées, opinions ; étudiez-les et demandez-vous si elles sont en harmonie avec la philosophie des Initiés. Si oui, soulignez-les, renforcez-les, approfondissez-les. Mais si ce sont des notions qui vont à l'encontre de cette philosophie, sachez qu'elles vont vous égarer, vous créer des difficultés. Alors, rejetez-les, vous vous sentirez ensuite tellement dégagé et libre ! Vous y verrez tellement plus clair ! Si pour le moment vous tâtonnez encore dans l'obscurité, c'est parce que vous êtes encombré de trop de choses qui vous alourdissent ; il est temps de chercher la lumière et la légèreté. Donc, voilà le travail à faire : savoir ce qu'il faut rejeter et ce qu'il faut garder. C'est sérieux, très sérieux. Si vous ne faites pas ce travail, les années passeront et vous vous sentirez toujours tiraillé, entravé et hésitant.

La nuit du Wessak

Chaque année, dans l'Himalaya, au moment de la pleine lune de mai, se déroule, la nuit, la cérémonie du Wessak.*

La pleine lune de mai est doublement sous l'influence du Taureau : depuis le 21 avril le soleil est entré dans ce signe, et c'est dans ce signe aussi que la lune est en exaltation.** Le Taureau, c'est la nature prolifique, la fertilité, l'abondance. Ceci est encore souligné par le fait qu'il est le domicile de Vénus, planète de la génération. Le moment de la pleine lune de mai présente donc les meilleures conditions pour faire un travail avec les forces de la nature, afin d'attirer les bénédictions du Ciel sur les récoltes, le bétail, mais également sur les êtres humains. Car les humains aussi, s'ils savent attirer les influences bénéfiques qui circulent alors à travers le cosmos, peuvent en bénéficier non seulement sur le plan physique mais aussi sur le plan spirituel. C'est pourquoi par leurs méditations, leurs prières, leurs chants, leurs invocations magiques, les Initiés cherchent à créer dans l'espace des lignes de force afin d'attirer des

* Le Wessak est la fête de Bouddha. Au Tibet, elle est célébrée dans la vallée du Wessak.

** Certaines années, lorsque le soleil est en Taureau, la pleine lune a lieu en avril.

énergies qu'ils envoient à tous les êtres vigilants, éveillés, capables de participer à cet événement.

Il existe sur la terre des lieux plus favorables que d'autres à ce travail cosmique. Le lieu où se déroule la cérémonie du Wessak est le plus puissant de tous. Certains Initiés s'y rendent physiquement, d'autres s'y rendent par leur corps astral, en se dédoublant. Mais il est possible à tous d'y participer par la pensée, et à vous aussi. Pendant cette nuit, vous ne devez conserver sur vous aucun objet métallique, car le métal n'est pas un bon conducteur des ondes qui descendent des régions spirituelles. Mais la seule condition véritablement indispensable pour être admis à cette fête est l'harmonie. Veillez donc à ne garder aucune mauvaise pensée, aucun mauvais sentiment à l'égard des autres, et trouvez l'attitude intérieure qui vous permettra de recevoir les bénédictions que les Initiés envoient cette nuit-là aux enfants de Dieu.

INDEX

A

B

C

D

E

H

I

M

N

O

P

Q

R

S

T

U

V

le **Verbe de Dieu** – pour s'en approcher, maîtriser sa langue, 22 juil.

les **Vérités** – travailler dessus jour et nuit, 6 juin

Vérité de la terre et vérité du soleil, 20 sept.

le **Verseau** – apporte l'idée de collectivité, de fraternité, 17 oct.

le **Verseau** – à l'ère du Verseau la beauté descendra sur la terre, 12 nov.

les **Vertus** attirent de l'espace des forces bénéfiques qui nous protègent, 15 sept.

le **Vide et le plein** – leur rencontre entretient la vie, 16 août

la **Vie** – la conserver et la dépenser au service du Ciel, 21 juin

la **Vie intérieure** – plus importante que la richesse extérieure, 7 juil.

la **Vie spirituelle** – correspondance avec l'image de la source et du fleuve 21 oct.

la **Vieillesse** – la meilleure période de la vie quand on a nourri un haut idéal pendant sa jeunesse, 15 déc.

Z

le **Zodiaque** – transformation de la nature tout au long de l'année, 21 mars

Note : Sans rejeter la division corps – âme – esprit adoptée traditionnellement en Occident, Omraam Mikhaël Aïvanhov a surtout utilisé la division en six – ou sept – corps, inspirée de la philosophie hindoue. (Le corps éthérique, souvent mentionné, fait partie du corps physique. Voir à ce sujet le chapitre VI de « La vie psychique : éléments et structures »).

Les trois activités fondamentales par lesquelles se caractérise l'homme sont la pensée (qui a pour instrument l'intellect), le sentiment (qui a pour instrument le cœur) et l'action (qui a pour instrument le corps physique). Ne croyez pas que seul le corps physique soit fait de matière : le cœur et l'intellect aussi sont des instruments matériels, seulement leur matière est plus subtile que celle du corps physique.

Une longue tradition ésotérique enseigne que le support, le véhicule du sentiment est le corps astral et celui de l'intellect le corps mental. Mais cette trinité : corps physique, corps astral, corps mental constitue notre nature humaine imparfaite. Ces mêmes facultés de la pensée, du sentiment et de l'action se retrouvent en nous à un niveau supérieur, et là, leurs véhicules sont les corps causal, bouddhique et atmique qui forment notre Moi divin. Les trois grands cercles concentriques indiquent les relations qui existent entre les corps inférieurs et supérieurs.

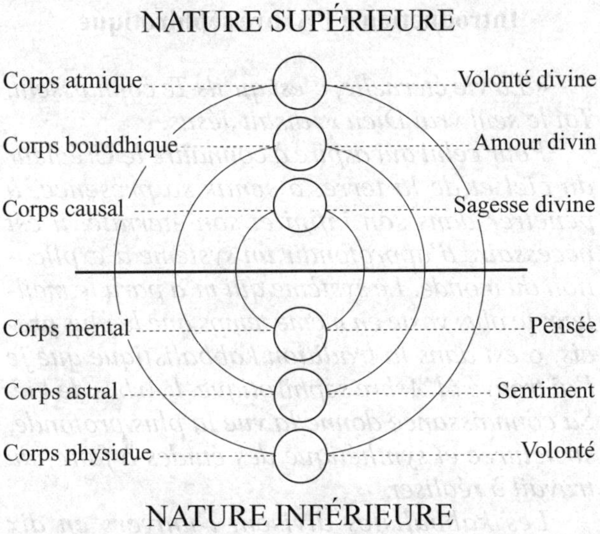

Le corps physique qui représente la force, la volonté, la puissance dans le plan matériel est lié au corps atmique qui représente la force, la puissance et la volonté divines.

Le corps astral qui représente les sentiments et les désirs égoïstes et personnels, est lié au corps bouddhique qui représente l'amour divin.

Le corps mental qui représente les pensées ordinaires et intéressées est lié au corps causal qui représente la sagesse divine.

Omraam Mikhaël Aïvanhov

« La vie psychique : éléments et structures » *– N° 222, chap. III, Collection Izvor.*

Introduction à l'Arbre séphirotique

« La vie éternelle, c'est qu'ils Te connaissent, Toi le seul vrai Dieu », disait Jésus.

Pour celui qui aspire à connaître le Créateur du ciel et de la terre, à sentir sa présence, à pénétrer dans son infini et son éternité, il est nécessaire d'approfondir un système d'explication du monde. Le système qui m'a paru le meilleur, le plus vaste en même temps que le plus précis, c'est dans la tradition kabbalistique que je l'ai trouvé : l'Arbre séphirotique, l'Arbre de Vie. Sa connaissance donne la vue la plus profonde, structurée et synthétique des études à faire, du travail à réaliser.

Les kabbalistes divisent l'univers en dix régions ou séphiroth correspondant aux dix premiers nombres (le mot « séphira », au pluriel « séphiroth », signifie numération). Chaque séphira est identifiée par cinq noms : le nom de Dieu, le nom de la séphira elle-même, le nom du chef de l'ordre angélique, celui de l'ordre angélique et enfin celui d'une planète. C'est donc Dieu qui dirige ces dix régions, mais sous un nom différent dans chaque région. Voilà pourquoi la Kabbale donne dix noms à Dieu. Ces dix noms correspondent à différents attributs. Dieu est un, mais Il se manifeste différemment suivant les régions.

L'Arbre de Vie se présente comme un schéma très simple, mais son contenu est inépuisable. Il est pour moi la clé qui permet de déchiffrer les mystères de la création. Il n'est pas destiné à nous enseigner l'astronomie ni la cosmologie, et d'ailleurs personne ne peut dire exactement ce qu'est l'univers ni comment il a été créé. Cet Arbre représente un système d'explication du monde qui est de nature mystique. Par la méditation et la contemplation, par une vie de sainteté, les esprits exceptionnels qui l'ont conçu sont parvenus à saisir une réalité cosmique, et c'est leur enseignement transmis par la tradition et toujours repris, toujours médité au cours des siècles, qui est pour l'essentiel parvenu jusqu'à nous.

Un Maître spirituel est conscient des responsabilités qu'il prend en faisant entrer les humains dans ce sanctuaire de la Divinité, et c'est donc avec beaucoup d'humilité, de respect, de vénération que vous devez aborder ces connaissances. En revenant souvent sur ce tableau, vous allumerez des lumières en vous. Vous n'arriverez certainement jamais à explorer toutes ses richesses, mais de Malhouth à Kéther cette représentation d'un monde idéal vous tirera toujours vers le haut.

Arbre séphirotique

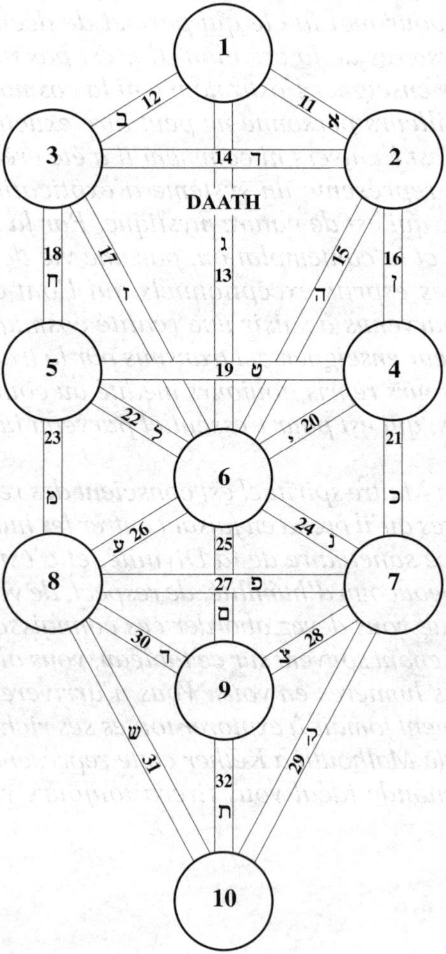

Arbre séphirotique

1 Ehiéh
Kéther – *la Couronne*
Métatron
Hayoth haKodesch – *les Séraphins*
Reschith haGalgali – *les premiers tourbillons (Neptune)*
♆

2 Iah
Hohmah – *la Sagesse*
Raziel
Ophanim – *les Chérubins*
Mazaloth – *le Zodiaque (Uranus)*
♅

3 Jéhovah
Binah – *l'Intelligence*
Tsaphkiel
Aralim – *les Trônes*
Chabtaï – *Saturne*
♄

4 El
Hessed – *la Grâce*
Tsadkiel
Haschmalim – *les Dominations*
Tsédek – *Jupiter*
♃

5 Elohim Guibor
Guébourah – *la Force*
Kamaël
Séraphim – *les Puissances*
Madim – *Mars*
♂

6 Eloha vaDaath
Tiphéreth – *la Beauté*
Mikhaël
Malahim – *les Vertus*
Chémesch – *Soleil*
☉

7 Jéhovah Tsébaoth
Netsah – *la Victoire*
Haniel
Elohim – *les Principautés*
Noga – *Vénus*
♀

8 Elohim Tsébaoth
Hod – *la Gloire*
Raphaël
Bneï-Elohim – *les Archanges*
Kohave – *Mercure*
☿

9 Chadaï-El-Haï
Iésod – *le Fondement*
Gabriel
Kéroubim – *les Anges*
Lévana – *Lune*
☽

10 Adonaï-Méleh
Malhouth – *le Royaume*
Sandalfon
Ischim – *les Hommes parfaits*
Olam Iésodoth – *Terre*
♁

Éditeur-Distributeur
Éditions Prosveta S.A. - Z.A. Le Capitou - CS 30012
F - 83601 Fréjus CEDEX (France)
Tél. (33) 04 94 19 33 33 – Fax (33) 04 94 19 33 34
international@prosveta.com
www.prosveta.fr – www.prosveta.com

Les Éditions Prosveta S.A. sont détentrices des droits mondiaux d'édition pour l'œuvre du Maître Omraam Mikhaël Aïvanhov. Elles la publient principalement en langue française et anglaise et accordent des droits de traduction et d'édition ou de coédition pour d'autres langues.

Les différentes sociétés ou organisations utilisant la marque Prosveta® dans le monde sont indépendantes et n'ont pas de filiation entre elles.

**** Éditeur dans sa langue - ** Diffuseur - *** Point de vente***

Distributeurs francophones *(Liste mise à jour le 14.05.2019)*

BELGIQUE & LUXEMBOURG
PROSVETA BENELUX – 1780 Wemmel
Tél./Fax (32) 2 460 1362 – e-mail : prosveta@skynet.be – www.prosveta.be

CANADA
PROSVETA Inc. – Canton-de-Hatley (Qc), J0B 2C0
Tel. (819) 564-8212 – Fax. (819) 564-1823
in Canada, call toll free : 1-800-854-8212
prosveta@prosveta-canada.com – www.prosveta-canada.com

CONGO
PROSVETA CONGO – Pointe-Noire
Tél. 00 242 0555 31254 – ossambojeanpaul@gmail.com

GABON
Librairie Tiphéret – BP 1554 – Tél. (241) 062 547 17/01 79 23 18
a.dirat@gabontelecom.ga

HAÏTI
PROSVETA Dépôt Haïti – 6110 Port-au-Prince
Tél. (509) 28 13 75 00 – Portable : (509) 34 64 80 88i – rbaaudant@yahoo.com

SUISSE
PROSVETA Société Coopérative – 1808 Les Monts-de-Corsier
Tél. (41) 21 921 92 18 – Fax. (41) 21 922 92 04
editions@prosveta.ch – www.prosveta.ch

RÉPUBLIQUE DÉMOCRATIQUE DU CONGO
ZORA LIVRES DISTRIBUTION RDC – Kinshasa
Zora.livresdistribution@gmail.com – Tél. 243 81 52 56 873

RÉPUBLIQUE DU BÉNIN
ETS EVERA- LIBRAIRIE – Abomey- Calavi
etsevera@gmail.com – Tél. 229 67729091 / 229 21351753

TOGO
LE LIVRE S.A.R.L.– Lomé – Tél. (00) 228 9004 83 73 – (00) 228 98 29 59 58
Tél. (00) 228 22 41 40 34 – lelivre1@yahoo.fr

Achevé d'imprimer en juin 2019
par PRINTCORP
France

Dépôt légal : juin 2019